Francine Vercammen

Leven met de BERBERS in Algerije

novum ▟ pro

Dit boek is ook als
e-book
verkrijgbaar.

w w w . n o v u m p u b l i s h i n g . n l

© 2022 novum publishing

ISBN 978-3-99131-147-8
Geredigeerd door: Ine van Gerwe
Omslagfoto:
Oksana Byelikova | Dreamstime.com
Ontwerp omslag, lay-out & typografie:
novum publishing
Foto's binnendeel, Auteursfoto:
Francine Vercammen

De door de auteur beschikbaar
gestelde afbeeldingen werden in de
bestmogelijke kwaliteit gedrukt.

www.novumpublishing.nl

Climate neutral
Print product
ClimatePartner.com/16547-2201-1002

Vertrek 12.10 uur. Aankomst 13.45 uur. We vertrekken naar Algerije. De kinderen zijn al vroeg uit de veren en staan te trappelen van ongeduld. Om 10.00 uur komt de camionette van reizen Smekens ons afhalen. Het is mevrouw Smekens aan het stuur. De grote bagage: zes valiezen en twee reistassen worden opgestapeld en de reis gaat naar Zaventem. Daar aangekomen ziet Saâd al twee vrienden. De moeder van één van hen moeten we meenemen in het vliegtuig, want de oude vrouw heeft geen ondervinding van reizen en spreekt alleen haar eigen taal, het Kabylisch. Ze spreekt zelfs geen Arabisch. Ze heeft een jaar doorgebracht bij haar zoon in Lokeren. Een jaartje om de gezondheid een beetje op peil te brengen en zich een beetje op te kalefateren 'á l'européènne', kunstgebit incluis. Bij de registratie van de bagage houden we even de adem in. De vriend van Saâd, die 20 kg te veel mee heeft, moet meer dan 2000 BF betalen. Wij hebben 125 kg mee en, oh mirakel, de juffrouw is vriendelijk en laat ons duidelijk verstaan dat ze 100 kg gaat vermelden, zodat we niets moeten betalen voor de 25 kg te veel. Wat een opluchting! Was het mijn stil schietgebed dat geholpen heeft of een vriendelijke lach van Saâd? Mij om het even! We komen er zonder kleerscheuren door en mijn portemonnee blijft gespaard. Onze vriend kan er blijkbaar niet om lachen want hij heeft moeten betalen. Er zijn nu eenmaal twee maten en twee gewichten. Waarschijnlijk heeft hij geen vriendelijk gezicht opgezet ofwel is het te wijten aan het feit dat hij alleen reist. Soit. We kunnen er maar goed mee zijn. We zullen waarschijnlijk nog genoeg moeten uitgeven want alles is nog maar een begin. In het vliegtuig valt alles mee. Ik praat veel met mijn buren, een meisje en haar verloofde, die naar Oran reizen om de familie van haar zuster te bezoeken. Haar zuster is getrouwd met een Algerijn en heeft ook een tweeling, twee meisjes.

In Algiers aangekomen begint de miserie. Het wordt daar urenlang aanschuiven in een hitte en een warboel van jewelste.

De eerste moeilijkheid is er al. Er is niemand om ons af te halen. Ook voor de oude vrouw waar we ons over ontfermen is er niemand. Met de douane hebben we geluk. De reizigers voor ons worden gefouilleerd en hun bagage wordt binnenstebuiten gekeerd, zodat alles op de grond valt. Ik heb al schrik maar ik denk: "In Brussel hielp een glimlach, waarom zou dat hier niet helpen?" En het wordt een tweede prettige verrassing. Ondanks het feit dat we misschien de meeste koffers bij ons hebben, laten ze alles onaangeroerd! Is het omdat we de laatsten zijn en omdat de douane al genoeg huisgehouden heeft in andere bagages of zijn we nu echt mensen bij wie men van het gezicht afleest dat ze niets te verbergen hebben. Vreemd is het in elk geval. Misschien ligt mijn mooie, witte hoedje aan de basis van alles of mijn stout gezicht? Wie zal het zeggen? In elk geval doe ik alsof ik dat alles normaal vind, anders slaan ze misschien over naar de andere kant en worden ze razend!

Braaf zijn, Francine, en keep smiling. Saâd gaat een taxi zoeken, en er wordt even gediscuteerd over de prijs. Die vent vraagt efkes 6000 BF voor een rit van 125 km, gezien de grote bagage en het aantal personen; zes met de oude vrouw erbij want daar zitten we nu mee opgescheept om haar veilig thuis te brengen. De chauffeur wil van geen afpingelen weten. Hij oordeelt dat we in normale omstandigheden twee taxi's zouden nodig hebben en dat zou minstens even duur komen. Gelukkig heeft hij een voiture familiale en we kunnen er allemaal in. De auto zit onder het gewicht van onze bagage. Onderweg wordt er nog gediscuteerd over het naar huis brengen van de oude vrouw, want ze woont nog 20 km verder de bergen in. De chauffeur wil er niets van weten, want de prijs is Algiers-Bouira, zonder zijsprongetjes. De reis duurt ongeveer drie à vier uur. Er wordt gepraat over België en al het goede aldaar.

Naarmate hij meer loskomt en vriendelijk met ons omgaat, zal hij toch maar de oude vrouw naar huis brengen. Ze woont in Ben Haroun, een dorpje in de bergen. Het bergpad slingert naar alle kanten en ik durf niet de afgrond inkijken. Waar gaan die mensen het hier toch zoeken? In elk geval, zij wijst de weg want we weten haar niet wonen. Ik heradem als ze eindelijk thuis is, want dan kunnen we terug onze eigen reisweg vervolgen. Eerst nog dat gevaarlijke bergpad af en dan verder koers zetten naar Bouira. We komen ertoe om 19.00 uur na een lange rit langs kronkelende wegen. Het is een verrassing, want ze hebben onze brief niet gekregen omwille van l'A it seghir, het feest van het einde van de Ramadan. Er is vier dagen niet gewerkt en de post is blijven liggen. Ze zijn hier allemaal heel erg blij en heel de gebuurte staat uit om die 'vreemde' vrouw te bekijken. Velen herkennen mij en komen goeiendag zeggen. We vinden enkel de grote kinderen thuis, want de broer van Saâd en Fatna, zijn vrouw zijn op familieuitstap. Als ze thuiskomen, verstoppen we ons in en achter de kleerkast, maar iedereen in de wijk heeft hen al ingelicht. En nieuws loopt hier als een vuurtje rond. De avond verloopt rustig. Het wordt urenlang praten want na drie jaar is er heel veel te vertellen. De enige afwezige is de oude moeder van Saâd, want ze woont in de bergen en weet nog niets van onze komst. Morgen gaat Saâd ze halen. Er wordt gelachen en gepraat en de tijd gaat zó voorbij. Ik schrik even op als we onder de lakens kruipen (op de grond) want het is 2.30 uur in de nacht. Naast ons liggen Djamila, Arezki en Ibrahim al goed te slapen. Ik heb dorst, dorst, dorst … gelukkig staat de frigo in onze kamer.

Zondag, 17 juli 1983

We staan op rond 8.30 uur en we wassen ons in onze geïmpro-viseerde badkamer: een bidon water en een teiltje om de hoe-veelheid te verdelen voor ons vijven. Het water is hier meer dan broodnodig en het is zeer schaars. Overdag staan alle kranen droog en 's avonds wordt er gewacht tot het water terugkomt en dan worden alle beschikbare jerrycans, potten en pannen gevuld voor de volgende dag. Soms wordt er gewacht tot 2 uur 's nachts op de eerste kostbare waterdruppel. Het huishouden, de afwas, de was, enzovoorts, worden dan 's nachts gedaan, terwijl er water is: ook mijn badkamer moet ik dan voorzien van het kostbare goedje, want anders kan ik me niet wassen en ik zou het wel om de vijf minuten willen, zo warm is het hier: Saâd is naar de ber-gen zijn moeder gaan afhalen om bij ons te komen. Het wordt een hartelijk wederzien en ze praten uren. Na drie jaar moet er wel veel gezegd worden. Ze vindt me naar haar eigen zeggen: nog mooier dan voor drie jaar. Zou ik dan mogen geloven dat vrouwen zijn zoals wijn en beter worden met de jaren?

's Avonds heb ik me geamuseerd met de kinderen uit de wijk. We zijn beginnen spelen in de straat. Het waren er wel honderd, allemaal joelend van vreugde en ze zouden elkaar vertrappelen om met de 'madame' te mogen spelen. We spelen zakdoekje leggen. Nadien wordt de bal erbij gehaald en wij spelen 'dood of levend'. Dat vinden ze heel grappig. Ook het danskoord komt erbij en ze staan met grote ogen te kijken hoe die vreemde vrouw touwtjespringt. Nadien komt er een spectaculair volleybaltoer-nooi, als je dit nog volleybal kunt noemen. Ze vliegen achter de bal aan alsof hun leven ervan afhangt. Ze duwen, roepen en joelen, tot ze uiteindelijk op een hoopje vallen. Af en toe moet de straat nog ontruimd voor een auto. Dit wordt me een beetje te machtig. Tussen die hoop krullenbollen heb ik de last van de wereld om Arezki en Ibrahim te vinden. Ook Djamila is al uit mijn gezichtsveld verdwenen. Mijn moederlijke plichten roe-pen mij en ik begin te roepen op mijn kinderen. Tot mijn grote verwondering staan ze links en rechts van mij, lachend te kijken hoe hun moeder nu zo vlot kan spelen met een heel leger kinderen en ze heeft er nog plezier aan ook. Opeens zeg ik: "Glas." Het is gedaan. Morgen verder. Ze zijn teleurgesteld. Opeens hoor ik een man roepen: "Francine!" Ik kijk om en zie Ali, die in Gent woont en met een Belgische is getrouwd. Hij staat verwonderd te kijken naar mijn spel en vraagt mij of ik met een colonie de vacances ben. Ik zeg maar dat ik me amuseer met kinderen uit de buurt. Hij waarschuwt me en zegt dat ze rond mij zullen blijven hangen als vliegen rond de konfituurpot en dat er morgen honderd meer zullen zijn. Het is wellicht waar, maar het heeft me deugd gedaan en ik voel me vrij en bevrijd van al mijn angsten. Laat de kinderen tot mij komen. Zelfs al zijn ze vuil, ze zijn mooi en lief. Tot morgen, bengels!

Maandag, 18 juli 1983

Vandaag zijn we met de auto van Mohamed naar de post gegaan om naar mijn moeder te telefoneren. Het is bloedheet en er staat een hele rij aan te schuiven. De meeste telefoons zijn naar Frankrijk. Iedereen heeft er wel ergens een 'cousin' die hun kan helpen. We vragen ons nummer onmiddellijk aan. De telefoon is niet automatisch. De nummers worden opgeroepen vanuit de centrale in Algiers. Het is wachten … wachten. De kinderen hebben dorst en het wachten duurt wel een uur. Arezki begint te wenen, want hij heeft er genoeg van. Hij vraagt altijd: "Waarom neemt moeke niet op." We laten de oproep annuleren want zo kan het nog uren doorgaan. De tijd telt hier niet. Ze hebben zeeën van tijd en zijn nooit gehaast. We vertrekken onverrichterzake. Bij het terugkeren staat de couscous ons al op te wachten. In de namiddag beginnen we de valiezen leeg te maken met de geschenken. De kinderen komen er rondhangen als vliegen. Er wordt gepast, gemeten en meteen aangetrokken. Om de oude kleren bekommeren ze zich niet meer. Ze worden achtergelaten op de plaats waar ze de nieuwe hebben aangetrokken. Zo, dat maakt onze bagage al een beetje lichter.

Rond 5 uur stappen we terug op naar de post. Het is een half uur te voet langs stoffige paden. Onderweg merken Arezki en Ibrahim op dat de straten zo vuil liggen. Overal vinden ze oude schoenen. Het is zoals ik vroeger zei. Het oude wordt achtergelaten op de plaats waar het nieuwe gepast wordt. Het is paradoxaal. Er zijn hier bijna geen schoenen te vinden, tenzij tegen woekerprijzen en toch ligt de straat vol oude schoenen. Misschien in de hoop dat ze wortelschieten! Nu hebben we direct mijn moeder aan de lijn. Saâd kent er toevallig de directeur die binnenkomt. Hij praat met ons. We vertellen hem dat we deze morgen al zo lang gewacht hebben. Hij vraagt het nummer en we hebben onmiddellijk verbinding. Zo gaat dat hier. Als je geen 'piston' hebt, kun je evengoed op het einde van de wereld wachten als op een telefoon uit België. Mijn moeder is blij want ze was al bang geweest. Ze had gehoord van een vliegtuig dat in zee neergestort was. Alles gaat goed thuis. We ontmoeten Arezki, de kozijn van Saâd en hij gaat mee met ons naar het hotel hier in Bouira een glaasje drinken. Dit is het enige mooie en verzorgde café hier in het stadje. In het naar huis gaan ontmoeten we ook Ali Rahmi en zijn zoon Rachid, die in Gent wonen. Hij inviteert ons om mee te gaan naar het huis van zijn moeder en broers. Het is er groot als een hotel, heel proper met vloeren en een ventilator in elke plaats. Ook is er een kleurentelevisie. Ze zijn er welstellend want ze doen de markten en beschikken over twee grote camions. De Belgische vrouw van Ali wil niet meekomen omdat ze niet bij de familie wil logeren. Ze heeft behoefte aan nog meer comfort en gaat liever naar Spanje op hotel.

Nu moet Saâd toch wel denken dat ik een 'straffe' ben. Ik hou ook van mijn comfort, maar omwille van de goede zaak kan ik dat wel een maand vergeten en op de grond slapen als iedereen. Als ze me maar water genoeg geven om ons allemaal dagelijks te wassen, dan ben ik nog content, want water is hier kostbaarder dan wat ook.

's Avonds zitten we hier weer te praten en op het water te wachten om alle bidons te vullen. Het wordt weer laat. Morgen zal het weer vroeg dag zijn. Op mijn mat denk ik nog even aan die politieagent op het gemeentehuis. Toen ik er aankwam gewandeld zag ik twee kinderen met een bidon om water te vragen. De agent begon tegen hen te schreeuwen 'Makkasch elma' (geen water) en joeg ze weg. Opeens kijkt hij om en ziet mijn vertoornde blik. Hij wil het nog vlug goedmaken en gaat terug bij de kinderen en begint ze te aaien en zegt dat er geen water is. Oh, de lelijkaards. Hun eigen volk laten creperen. Ik weet goed dat, indien ik om water vroeg, ze me er tonnen vol zouden brengen. Zo is dat hier: ze willen goed overkomen, vooral tegenover de toeristen. Alle misère wordt hier zorgvuldig weggemoffeld, maar iemand die zijn ogen openhoudt ziet het op elke hoek van de straat. Pauvre Algérie!

Vandaag hebben we geslapen tot 10 uur. Het is reeds heel warm en onze koude ochtenddouche (lees: waspan) doet deugd. Ik voel dat het vandaag snikheet zal worden en dat het geen weer is om buiten te gaan. Ik voel me futloos en belabberd. De kinderen zijn reeds met de bal en hun kubus aan 't spelen. Ik zit er maar triestig bij en alles danst voor mijn ogen. Een beetje later breng ik een bevrijdend bezoek aan het toilet en ik voel me heel wat opgelucht. Hopelijk is de aanpassingstijd van drie dagen nu achter de rug.

In de late namiddag rijden we naar El Esnam, om een fles drank af te geven aan een rijkswachter, de nonkel van de Algerijn in Lokeren. We rijden naar de gendarmerie, maar hij is er nog niet. We wachten wat verder op een terras. Het dorpje heet Bechloul. Vandaar keren we terug naar El Esnam. De rijkswachter is er en hij neemt zijn geschenk in ontvangst. Terwijl de mannen aan 't praten zijn, zien de kinderen opeens twee ooievaars op hun nest. Daar moet ik een foto van hebben! Dan zie ik buiten aan de rijks-wachtkazerne een man die zich daar laat coifferen en scheren. Dat tafereeltje moet ook op de gevoelige plaat. De rijkswachter schrikt op als hij mij ontwaart en ziet dat ik hem gefotografeerd heb. Hij lacht en zegt dat hij eigenlijk mijn apparaat moet in be-slag nemen. Hij vraagt hoe ik daar opeens kom, want hij heeft de auto met de kinderen en Saâd een beetje verderop niet zien staan. Als ik zeg dat we een geschenk komen brengen aan zijn collega, wil hij wel graag weten wat het is. Ik vertel het hem en zeg hem dat hij zich maar een glaasje en een Belgaatje kan vragen. Als we weer vertrekken, zwaait hij heel vriendelijk met de arm.

Bij het naar huis rijden, doen we nog even een ommetje de bergen in en we gaan Khelti (tante) Melcher halen, één van de zes zusters van de moeder van Saâd. Ze kent me heel goed van vorige jaren en ze is dolblij dat ze mee mag naar haar zuster want ze heeft haar in lange tijd niet meer gezien. Ze gaat zich vlug wat opknappen en haar bagage halen. Dit is een kouffa (mand) met wat eieren, pruimen, ajuinen, enzovoorts, want men komt nergens met lege handen. Als we weer willen vertrekken, zien we dat we een platte band hebben. Het is intussen donker geworden (vanaf 20 uur). Saâd en Mohamed sleutelen nog een hele tijd om een nieuw wiel te steken. De kinderen vinden het niet erg want ze amuseren zich in de bergpaadjes. Eindelijk is alles in orde en we schuiven een beetje dichter om Khelti Melcher plaats te geven. Het eerste wat ze me vraagt in de auto is hoe het gesteld is in mijn buik en of er nog niets op komst is. De eerste taak van een vrouw is hier zoveel mogelijk kinderen te produceren en ze vindt waarschijnlijk dat drie kinderen, zelfs al is er een tweeling bij, maar een peulschilletje is. Ik zeg haar 'glas', (het is gedaan!) en ze kijkt me verbaasd aan. Hoe kan men tevreden zijn als men niet elk jaar een kind heeft? Althans dat is hun opvatting. Thuis aangekomen is Djedda Aouda (de moeder van Saâd) heel blij, want zij en haar zuster hebben elkaar veel nieuws te vertellen. Die twee zitten hier samen op de mat uren te kwebbelen. Het is een leuk tafereeltje. Ik geef Melcher één van mijn armbanden die ze mooi vindt, en zeg haar dat ze nu maar eens kan dansen. De kinderen beginnen op de tafel te slaan als tamtam en Melcher laat zich niet pramen. Ook al is ze oud, ze danst als eentje van 20. De kinderen zijn zeer geamuseerd en klappen in de handen. Ik moet nu ook mijn kunsten tonen en dansen met Djamal. Ziezo, nu zullen we weer goed slapen. Ondertussen zijn de kranen beginnen lopen en ik ga mijn 'badkamer' vullen. Ik was eerst alle drie de bengels, die dan goed inslapen. Oef! Dit is dan toch nog een drukke dag geworden.

P. S. Ik ben vergeten aanstippen dat het hier vandaag geregend heeft en gedonderd. De regen was warm en nadien was er een hete wind. Van zwoele nachten gesproken!

Woensdag, 20 juli 1983

Vandaag is het bloedheet: 42°. Ik kom niet buiten, juist tot op de binnenkoer hier. Khelti Melcher is al naar huis als we opstaan. Ze is te voet opgestapt zoals gewoonlijk en het is een heel eind ver. Haar zoon Lakhdar komt morgen met verlof (hij is soldaat) en dan wil ze hem opwachten. Ik heb niet veel meer gedaan dan mijn dagboek ingevuld, een brief naar mijn moeder geschreven en postkaarten verstuurd. In de namiddag komen de een en de ander eens een kort bezoek afleggen. 's Avonds komen Arezki met zijn vrouw Fatima. Zij hebben vijf jongens en één meisje. Het zevende is op komst. Fatima is achter in de twintig. Als dat zo voortgaat is ze op weg om twintig kinderen te hebben. Ze hebben twee jongens bij zich en het kleine meisje Samia. Ze hebben er lang op gewacht en zijn er heel fier op. Ik ben nog niet buiten geweest en we vertrekken naar het centrum. Daar gaan we Zordain bezoeken die voor ons altijd een herinneringsfoto maakt bij elk bezoek aan het land. Saâd gaat hier en daar binnen en ontmoet oude bekenden. Opeens zegt er een van hen: "Bonjour, Francine." Ik weet niet hoe hij mij kent. Ik bekijk hem goed en zeg dan: "Ali van Huguette?" Hij knikt bevestigend. Hij heeft nog verkering gehad met een meisje van bij ons en zo heb ik hem gekend als een heel levenslustige jonge man. Hij is nu 38 jaar en ziet eruit als een oude man. Zijn blik is somber geworden. Hoe kan een mens zo veranderen, alleen door in een warm land te leven vol miserie? Hij zegt dat hij me van ver herkend had. Nochtans hij heeft mij gekend in '64. Ik zou hem nooit herkend hebben, want hij is een heel ander mens geworden. We keren te voet terug. Het is al donker geworden. We hebben twee pillampen bij ons want buiten het centrum is geen verlichting en er liggen overal stenen en er zijn grote putten in de straat. We maken een klein ommetje want ik wil niet met de kinderen over de spoorweg gaan. Dat is veel te gevaarlijk. De mensen hier doen het allemaal om de weg in te korten. Ze zitten zelfs te verpozen op de rails. Als de trein komt aangeraasd, springen ze wel weg. Nou, zo fatalistisch ben ik niet en ik zal het gevaar niet zoeken. Gisteren zijn we er één keer overgestapt. Ze zeiden: "Er komt geen trein." Ik zei: "Eén seconde volstaat." We waren er nog maar net over of daar was het stalen monster! Ze schrokken er zelf van op, omdat ik het nog maar net gezegd had. De trein maakt hier een bocht en men kan hem niet van ver genoeg zien aankomen. Trouwens er zijn hier al veel mensen zo om het leven gekomen. Maar zegt men bij ons niet: "Wie het gevaar zoekt, vergaat erin?" Zij zeggen: "Het is de wil van Allah!"

Maar nergens staat geschreven dat men best op de rails gaat zitten! Bij onze terugkeer zitten Arezki, Fatima en de kinderen nog op ons te wachten. Het is fris buiten en we zitten allemaal op de koer. Er wordt gepraat en gelachen zoals gewoonlijk. Om 12 uur gaat Mohamed ze naar huis brengen. Nog ons bad nemen en dan vervoegen we de kinderen op hun slaapmat. Ze zijn reeds lang aan 't slapen.

Donderdag, 21 juli 1983

Vandaag is de nationale feestdag in België. Ik denk er even aan. Hier is de nationale feestdag de 1ste november. Het is vandaag goed weer: het is warm, maar er is een deugddoend windje. Vandaag is Lakhdar aangekomen. Hij vervult zijn militaire dienst die hier twee jaar duurt. Hij moet nog negen maanden en dan is het uit. Daar donderdag het weekeind begint, komt hij met verlof. Hij heeft me veel te vertellen en ik discuteer graag met hem. Hij is ingenieur en zeer intelligent. Hij is 30 jaar maar nog altijd niet getrouwd. Zijn studies gingen voor. Hij wil trouwens geen traditioneel huwelijk zoals dat hier de gewoonte is. Hakima, de oudste dochter van Mohamed, wil dat trouwens ook niet. Ik denk dat ze geluk heeft dat ze een Europese tante heeft, anders zat ze hier reeds lang te zwoegen met een paar kinderen om haar heen. Ze wil zelf haar woord te zeggen hebben en haar aanstaande zal ook haar eigen keuze zijn. Liefst wil ze wachten tot haar 28 jaar, maar zo zal het wel niet zijn. In de namiddag gaat Saâd de broer van Rabah bezoeken in de bergen. Rabah woont in Gent en is getrouwd met een Belgische. Ik vergeet mijn siësta te doen want Lakhdar houdt me aan de praat. Ik kan nu toch niet gaan slapen. Trouwens, morgen is hij terug weg en hij ziet me maar eens om de twee of drie jaar. Rond 6 uur gaan we nog even de stad in met Lakhdar en Said. Ik ga kijken in de moskee. Ik mag alleen langs de open zijkanten kijken, maar binnengaan niet. Bij het terugkeren doen we nog een café en een paar winkeltjes aan. Ik zie een mooie jurk. Saâd koopt hem. De verkoper zegt dat het het Dallas-kleed is uit Algerije. Inderdaad, het is niet alleen bij ons dat men verslaafd is aan Dallas. Hier zit iedereen ernaar te kijken, want de TV is hun enige verzet, vooral voor de vrouwen. s'Avonds wordt er zoals gewoonlijk nog lang nagekaart. Het is weer 2 uur. Bij gebrek aan plaats (want wij hebben een kamer voor ons alleen) gaan Lakhdar, Saïd en Salah op het dak slapen. Ik zou het niet durven, want misschien kruipen er wel allerhande beesten rond. Vooral 's avonds als het licht buiten brandt, zien we hier hagedissen en kameleons.

Ook soms het soort dikke kakkerlakken, die me zes jaar geleden zo gebeten hebben dat ik naar alle dokters gelopen ben. Ik kijk nu goed uit mijn ogen, want elk beest is hier verdacht. Ik kruip nog eens op de ladder om te zien waar die mannen gaan slapen en ik beklaag hen ten zeerste. Saïd vertelt me dat het eens begon te regenen als hij daar lag te slapen en voor hij goed wakker was, was hij kletsnat. Goede nacht en tot morgen!

Vrijdag, 22 juli 1983

Vandaag is de rustdag want zondag is hier een gewone werkdag. Er is nog altijd dat frisse windje en ik ben blij. 's Morgens ben ik de kamer in orde aan 't brengen en plots hoor ik tumult. Hassina loopt buiten en roept "Yema, Yema?" (moeder). Ik denk dat er iets gebeurd is met de kinderen, want Hassina is de straat opgelopen. Ik begin te roepen "Arezki! Ibrahim, Djamila!" Ze zijn er allemaal en niemand is op straat geweest. Opeens zie ik in de kamer ernaast dat Saâd en Mohamed hun moeder aan het besprenkelen zijn met water. Ik begrijp vlug dat er iets mis is en loop om mijn flesje kruidenelixer om haar het ademen mogelijk te maken. Ze denken hier allemaal dat ze gaat sterven en alle kinderen hier zijn al aan 't jammeren. Hassima heeft ondertussen al een auto tegengehouden op straat om haar grootmoeder naar het hospitaal te voeren. Het is wellicht een hartaanval of iets dergelijks. Ze ziet grauw en haar gezicht trekt scheef. Ze komt er langzaam door. Nadien neemt Saâd haar op zijn arm en draagt haar zo naar de auto. Een paar uur nadien komen ze terug en goddank ze is er terug bij. De dokter heeft haar onderzocht. Haar bloeddruk is 20. Ze heeft een inspuiting gekregen en ze slaapt nu uren aan een stuk. Ondertussen is Saâd haar geneesmiddelen gaan halen in de farmacie, die hier een heel eind afligt. Hij komt terug en hij heeft de medicamenten gevonden. We zijn blij want sommige geneesmiddelen zijn hier onvindbaar. Ondertussen is Djedda Aouda al wakker geworden en ze heeft twee eieren gegeten. Ik breng Fatma aan het verstand dat ze speciaal eten voor haar alleen moet maken, zonder zout. Dat pikant gekruid eten doet haar wellicht geen deugd. Ik vertel haar ook dat ze look moet bereiden in het eten.

Oef! Wat een dag!!

Tegen de avond is ze weer al aan 't praten en alles lijkt vergeten. We gaan toch even de stad in. Aan de moskee ontmoeten we de broer van Saâd, Mohamed en zijn zoon Omar (in de wandeling Saïd genoemd). We rijden een twintigtal kilometer naar een volgend dorpje Aïn Hjdat, gelegen op de baan naar Aïn Bessem. Daar drinken we een glaasje in een (eerlijk gezegd) vuile café. We hebben geen andere keuze; het is het enige café in dit boerendorpje. Ze brengen een tafel buiten en daar zitten we dan op ons geïmproviseerd terras. Als we terug thuiskomen heeft Fatma ons Drwoz klaargemaakt. De kinderen zijn er dol op. Het is bijna 11 uur en ik begin vlug mijn badkamer te installeren. Het is bijna middernacht als ze er eindelijk inliggen en dan liggen ze nog te spelen. Vandaag gaan we een beetje vroeger slapen want het is elke dag al laat geweest.

Zaterdag, 23 juli 1983

Niets speciaals vandaag. Alleen dat Djedda Aouda weer de oude is. Haar crisis is voorbij en ze zit weer te lachen en te praten. Ik ben blij. Zo is het goed. We hebben zoals gewoonlijk een uitstapje gemaakt in de stad. Saâd is gaan telefoneren naar de post, maar sedert drie dagen zegt men ons dat de verbinding met België verbroken is. Zondag is hier een gewone werkdag en er is niets speciaals te beleven.

Het liefst zit ik hier nog 's avonds buiten omringd door de familie. We praten maar en slurpen thee of koffie.

Vandaag zijn we allemaal vroeg uit de veren. We gaan naar Tizi-Ouzo met de auto van Mohamed. Ik heb hem gisteren met Saïd mooi gewassen en alle stof is eruit weg. We nemen onze frigobox mee voor onderweg. De weg is lang en slingert als een lint tussen de bergen. Ik zeg in stilte mijn schietgebed want ik vind de baan gevaarlijk omdat het beurtelings klimmen en dalen is. We gaan ginder een bezoek brengen aan iemand van de familie die in het hospitaal is. Onderweg stoppen we aan de bron om te drinken en ons te verfrissen, want het is snikheet. Ik giet een fles bronwater in mijn décolleté, zo ben ik fris van onder tot boven. In Tizi-Ouzou is het 43° en terwijl Saâd en Mohamed in de kliniek zijn, lig ik met Saïd en de kinderen op ons deken, dat we zorgvuldig onder een palmboom gespreid hebben. Heerlijk is dat, hier in de schaduw. Nadien gaan we met z'n allen hier eten in een restaurant. Er is niet veel meer te krijgen want het is al twee uur. De rekening is gepeperd en we hebben niet veel gegeten. Het is veel te warm. Thuis bij Fatna is de keuken beter. In de namiddag wandelen we in de stad. Het is hier mooi, maar de hitte belet ons er ten volle van te genieten. We gaan even frisse lucht zoeken in een grootwarenhuis. Vergeleken bij onze grootwarenhuizen is dit minder dan niets. Alles staat op elkaar gestapeld en er zijn geen verkoopsters te zien, alleen maar mannen, mannen en nog eens mannen! Nochtans op straat zie ik welgeklede jonge meisjes lopen. Dat is hier niet het geval in Bouïra.

We wachten tot de zon weg is om de lange terugtocht aan te vatten. Nu kunnen we ervan genieten want er is een fris windje. We stoppen terug aan de bron. Onderweg neemt Mohammed benzine. De pompen zijn hier schaars en het is een half uur aan te schuiven. We stoppen in Dra-el-Mizan, halfweg onze af te leggen afstand. We zien er een mooi terras. Jammer genoeg is elke drank warm, want de frigo gaat niet. Het is hier het één of het ander in Algerije. Ofwel drink je goed in een vuil café, ofwel zit je op een mooi terras waar alle dranken warm zijn. Onderweg kopen we nog groenten voor Fatna en we komen thuis rond 8 uur. We zijn moe en we beginnen ons direct te wassen van kop tot teen, want vandaag zijn we bijna gesmolten. De kinderen slapen vlug na het eten. We blijven ook niet lang op en kruipen onder de lakens. Vandaag was het een lange, hete dag!

Vandaag is er veel bezoek geweest. 's Morgens waren er al drie vrouwen. Ze praten uren met Saâd en willen alles weten over België en over mij. Ik voel me zeer gevleid als één onder hen zegt dat ik 20 jaar ben. Ze kan niet geloven dat ik er in de dertig ben, want zij is tien jaar ouder en ziet er reeds uit als een oude vrouw. Zo is het hier met alle vrouwen. Ze zijn heel mooi als ze jong zijn, maar eens de kaap van 40 overschreden zijn ze oud en vol rimpels. Het is de zon en het harde werk die hier de schuld van zijn. Ook het feit dat ze geen beweging hebben; ze vertoeven altijd in slecht verluchte en slecht verlichte plaatsen en dit doet hun huid geen goed. Door de vele bevallingen zijn hun buikspieren uitgerekt. Hier is men echt maar éénmaal jong, een tweede jeugd is hier niet te beleven. Als men zegt dat het leven pas begint op 40 jaar, dan is het hier zeker het omgekeerde, vooral wat de vrouwen betreft.

's Avonds is Mohamed nog tweemaal heen en weer gereden om nog twee vrouwen te halen. Als ze alleen komen, doet het me niets. Maar elke vrouw brengt haar kudde mee, meestal kleine kinderen. Het is hier een geroep en geschreeuw van jewelste. Ik heb zin om me hier voor de eerste maal eens goed kwaad te maken, want ik wil hier ook nog een beetje lucht happen. Mohamed haalt hier zoveel mogelijk volk binnen met de beste bedoelingen. Hij wil me er een plezier mee doen. Hier blijven de vrouwen altijd binnen en ze zijn blij als er anderen bij hen komen, want dan kunnen ze uren praten. Saâd heeft het ook niet graag en hij brengt Mohamed aan het verstand dat we dit niet zo prettig vinden. Ik heb al schrik dat ze hier allemaal zullen blijven slapen. Dan kan ik 's morgens niet meer uit mijn kamer want ze liggen hier dan tot voor de deur te slapen. Ik heradem als Mohamed aanstalten maakt om ze naar huis te brengen. Oef! Ze zijn weg! Wat een opluchting!

Spaar ons Heer!

Vandaag zijn we vroeg uit de veren want we gaan een dag naar zee. Het wordt Bejaïa, 140 km van hier. Voor Mohamed is het een echte opoffering want hij is bang van het water en het vuur; de zee 'el bhaar' heeft hij nog nooit gezien. Gisterenavond hebben we met hem gelachen. We zeggen dat we een zwembroek voor hem hebben en dat hij het water in moet. Hij zegt: "Ik zet jullie af en dan maak ik me uit de voeten voor een paar uren!" Hij heeft nochtans alles klaargemaakt om een tent op het strand te maken: 'el ghettoum', en de stokken liggen al op het bagagerek. De tocht is lang en het is heet. De baan is goed, maar toch zijn er een tiental kilometers bergpaden bij en daar ben ik altijd bang. Bejaïa is prachtig. We wandelen een beetje in de stad en kopen alles voor ons middageten want we picknicken op het strand. Het strand is nog 18 km verder. Er is niet veel volk en we beginnen onze tent op te bouwen. Voor Mohamed wordt het zijn eerste pootjebaden. Hij heeft er al een mens aangesproken om te vragen of de zee niet gevaarlijk is, want ons gelooft hij nog niet direct. Als die hem gerustgesteld heeft, gaat hij eindelijk zijn badpak aantrekken. Er zijn geen cabines op het strand. Hij verdwijnt met de broek om die achter één of andere olijfboom aan te trekken. Ook Saïd verdwijnt met zijn zwembroek. We zitten in spanning af te wachten en daar is hij dan: de grote profeet Mohamed in een zwembroek! We houden onze adem in, want als we lachen, neemt hij misschien de vlucht in de bergen. Saïd, de kinderen en ikzelf zijn al het water ingesprongen en we bekijken het spektakel vanuit de zee. Het is plezant om zien hoe Saâd zijn grote broer bij de hand neemt en hem stapje voor stapje het water inleidt. Hij zegt oehoehoe maar toch laat hij zich doen. Innerlijk sterft hij van schrik, maar hij wil zich moedig tonen. Hij durft in het water te gaan tot aan zijn knieën en dat is al een hele prestatie. Saâd komt me vertellen dat hij zijn onderbroek nog onder de zwembroek heeft. Hij denkt wellicht dat het zo moet. Hij vertoont zich maar eenmaal in zee en dan gaat hij in de tent een dutje doen. Hij gaat zich ook vlugger aankleden, terwijl wij nog in het water zijn. Hij komt alleen met de natte zwembroek terug. De natte onderbroek heeft hij aangehouden. Van een verfrissing gesproken! Nu heeft hij zich wellicht bevrijd van al zijn remmingen en angsten. Hij heeft de zee en het vuur gezien (el bkaar en el naar). Inderdaad, tijdens onze tocht naar de kust stonden de bergen in brand. Bomen stonden te branden als toortsen en overal is er een zwarte rook. Er zijn ook huizen in de bergen. De mensen die er wonen moeten wel vechten om hun huisje te beschermen tegen het vuur. Het water van de zee is vuil want de wind heeft de stukjes verbrande boomschors tot in het water gebracht. Dit is wel een tegenvaller. Als ik wil zwemmen moet ik al ver gaan om proper water te vinden. Toch was het een mooie uitstap. Zelfs Mohamed is tevreden en hij overweegt om met Fatna en de kinderen terug te komen. Hij heeft andere families gezien op het strand. Dus, denkt hij, kan dat toch niet slecht zijn.

Op de weg naar de stad liep er iemand in adamskostuum langs de baan. Mohamed doet alsof er niets aan de hand is. Saïd zegt dat het iemand is die gek is. Gelukkig is hij vlug voorbij. Indien ik die te voet had ontmoet, dat was ik wel aan het gillen gegaan, want de weg is eenzaam en verlaten. We komen thuis rond 10 uur en we zijn allemaal heel moe. Nog vlug wat eten, een bad nemen en dan ons bed in! Deze keer slaap ik direct in.

Bejaïa ilha (Bejaïa is mooi). Bejaïa is het vroegere Bougie.

Verjaardag van Arezki en Ibrahim (7 jaar).

's Morgens beginnen we al te dansen. De kinderen kunnen goed op de 'derbouka' (tamtam) spelen en we dansen allemaal. De vrouwen laten hun youyous horen. De buren komen luisteren en vragen of Saïd getrouwd is. Sommigen denken dat ik de bruid ben. Er wordt hartelijk gelachen. Arezki en Ibrahim zijn dol van vreugde. Het is immers hun feest. 's Namiddags ga ik een beetje rusten want het wordt een lange dag. In de avond gaan we bij de fotograaf onze traditionele familiefoto nemen. Ik heb hem een stuk stof meegebracht want hij is zeer vriendelijk en elk jaar maakt hij onze foto gratis. Nadien gaan we nog familieleden bezoeken. Hun huis is voor twee jaar afgebrand, terwijl hun zoon en zijn vrouw bij ons waren. Alles is al opnieuw hersteld maar ze hebben veel schade geleden. Na dit bezoek gaan we nog ons dagelijks pintje drinken (lees: water of limonade want het zijn hier allemaal cafés zonder bier).

Voor het avondmaal heeft Fatna couscous klaargemaakt, want voor de verjaardag van de kinderen thuis maakt Saâd ook couscous (taaam in 't Arabisch; siksou in het Kabylisch).

Saïd heeft voor een grote taart gezorgd, kaarsen en alles incluis. De kinderen zijn blij en de taart wordt wel in twintig stukken verdeeld, want iedereen moet proeven. Daarna wordt er weer op de derbouka gespeeld en we dansen allemaal. Fatna doet ook haar best en rookt haar eerste sigaret. Ook Fatima wil ervan proeven. Ze zijn allemaal uitgelaten en het wordt een dol festijn. Om twaalf uur vind ik het welletjes en ik leg de kinderen te slapen. Ze zijn nog niet moe en ze willen nog opblijven, maar nu is het genoeg. We blijven nog aan de deur praten tot 2 uur 's nachts. Het was een prettige dag die de kinderen niet vlug zullen vergeten, ook al zijn de taarten en de gebakjes veel beter bij ons.

Donderdag, 28 juli 1983

Niets speciaals vandaag. Alleen altijd dezelfde hitte, die me belet van buiten te gaan. 's Avonds doen we zoals gewoonlijk onze wandeling. Op onze weg terug zien we Saïd staan bij een vijftigtal personen. Ze zijn allemaal aan het aanschuiven voor brood. Ze blijven staan tot de bakkerij opengaat, want wie zijn plaats verlaat, heeft hier niets.

Als we thuiskomen zijn Hamimi Saïd en zijn vrouw Ounissa op bezoek. Ounissa is de dochter van Fatma uit een eerste huwelijk. Ze heeft geen kinderen en dat is haar groot ongeluk. Ze heeft hier al naar alle dokters gelopen en ze is dik van de medicamenten. Saïd gaat weg, maar Ounissa blijft slapen. Morgen gaat ze hier naar een feest (een besnijdenis). De kinderen zijn al vroeg gaan slapen. Djamila is een beetje ziek. Ze klaagt over buikpijn.

Vanmorgen zijn we reeds vroeg op. We gaan met Djamila naar het hospitaal want ze klaagt voortdurend over buikpijn en ze kan niets eten. Ze geeft alles over. Aan het hospitaal is het aan te schuiven, want iedereen wil als eerste gaan. Het is er verschrikkelijk vuil. Nogal goed dat ik eraan gedacht heb mijn frigobox mee te brengen zodat we kunnen drinken. Er wordt een vrouw binnengebracht door twee mannen. Ze komt uit de bergen en ze is gebeten door een schorpioen aan de twee handen. Ze ligt te kronkelen van de pijn. Ze komen ons roepen want iemand van de familie die hier werkt, heeft ons laten voorgaan. Zelfs al wachten we hier nog een uur, we willen dat die arme vrouw eerst geholpen wordt, want ze heeft de dood op het aangezicht. Ze blijft niet lang binnen. Ze hebben haar waarschijnlijk een inspuiting gegeven tegen het gif! Ze komt buiten met haar gezicht vertrokken van pijn. God, geef dat ze leeft! De mannen vertellen me dat ze 's nachts in haar bed (op de grond) gebeten is. Zelfs tijdens de slaap loopt men hier gevaar, zeker in de bergen, want slangen en schorpioenen komen soms de huizen binnen.

Nu is het onze beurt. De dokter onderzoekt Djamila en vindt niets ernstigs. Het is alleen de hitte die haar parten speelt. Hij schrijft medicamenten voor tegen het braken. Ze krijgt ook een inspuiting. Thuisgekomen gaat ze direct slapen. Na het eten leg ik me bij haar want we hebben ook niet veel geslapen vorige nacht. Als ze opstaat wil ze eten. Toch krijgt ze er niets door en geeft terug over. Ik waak erover dat ze veel water drinkt want dat is belangrijk. Ze kan niet naar 't toilet gaan. Als ze eens goed naar 't toilet kon gaan, is alles over. De hele dag heeft ze niets gegeten, alleen maar gedronken. Als het morgen niet beter gaat, gaan we met haar naar een andere dokter.

Zaterdag, 30 juli 1983

Vandaag een dag zoals een andere: snikheet. Ik ben al vroeg uit de veren met Djamila. Ze is al veel beter. Ze heeft geen koorts meer en begint te eten. We zijn allemaal blij. Toch riskeer ik het niet om haar mee te nemen op een uitstap naar de bergen. Saâd gaat alleen met zijn broer. Ze komen rond de avond terug. Daarna doen we onze uitstap naar de stad. Deze keer is het met de auto. Saâd stuurt. De auto is hier een oude karkas van 17 jaar, zoals alle auto's hier trouwens. Als men hier een degelijke auto ziet, komt hij uit Frankrijk of België. We vallen regelmatig eens stil. Hier zou ik niet durven rondtoeren met de wagen. In de stad zijn er geen rode lichten en iedereen rijdt er maar op los. Ze steken voorbij langs links of rechts. Tevens loopt het jonge volkje hier ganse dagen op straat. Ze lopen maar weg zoals kippen op het allerlaatste moment. Ik sta ervan verstomd hoe hier niet meer ongelukken gebeuren. De straten zijn hier speelpleinen en niemand stoort zich aan het feit dat er auto's komen aangereden. Ze zullen wel stoppen, denken ze. 's Avonds rijden er dan nog auto's zonder koplichten om de batterij te sparen. Jongens, hoe is het mogelijk! Soms rijdt een sliert hevig toeterende auto's door de straat. Dat is dan een meisje dat naar haar bruidegom wordt gebracht. Hier lopen wel veel politieagenten in de straat. Als een van hen het verkeer staat te regelen, begrijp ik er niets van. Vooral als ze met twee zijn, weet je niet wat te doen. De ene maant aan te stoppen, terwijl de andere met grote zwaaibewegingen wil duidelijk maken dat alles vlugger moet gaan.

Bij de fotograaf gaan we onze foto afhalen. Hij is mooi en er komt er hier onmiddellijk een in het familiealbum.

Deze keer gaan we allemaal een beetje vroeger slapen, want iedereen is hier moe. Zoals gewoonlijk gaan Salah en Saïd met hun matras boven op het dak slapen want hier is te weinig plaats voor iedereen.

Vandaag wordt het een heerlijke dag. We gaan naar de warmwaterbronnen El Hammam Kséna op ongeveer 35 km van Bouïra. Het is een soort bedevaartsoord, want het hete water geneest alle kwalen, vooral huidziekten. Vooral de mensen uit de grootsteden Alger, Constantine, enzovoorts, komen hier hun vakantie doorbrengen. Ze komen met de ganse familie en huren hier een huisje, waar ze kunnen koken en slapen. Als we willen vertrekken, is er weer ruzie in huis, want er is maar één plaats vrij. De kinderen en ikzelf verkiezen dat Saïd meegaat. Hij is hier de liefste reisgezel die zich graag ontfermt over de kinderen en ook over mij. We zitten altijd samen achteraan in de auto. Telkens als er gestopt wordt, mag er één van de kinderen vooraan gaan zitten. Daar hij morgen begint te werken hier in het stadhuis is het zijn laatste uitstap tijdens de week. Na overleg met zijn broer Salah laat hij deze de plaats. We zijn een beetje misnoegd want Salah is veel jonger en weet niet zoveel. Hij spreekt trouwens geen vlot Frans. Soit. We vertrekken met Salah. De weg is lang en eenzaam, maar de baan is goed en ik zit rustig in de auto. Alleen de laatste kilometers is een klimpartij in de bergen tot de plaats van de bronnen. Het is er verkwikkend. Ik ben er reeds een tweetal keren geweest en ik weet dat het er goed is. Nog nooit heb ik het aangedurfd om me er te baden. De baden zijn immers kokend (natuurlijk) heet en tevens zijn ze gemeenschappelijk. Drie jaar geleden stond ik op het punt erin te gaan, maar toen ik de deur opentrok begonnen alle vrouwen luid te gillen. Dit was voor mij het sein van de terugtocht. Nu ben ik vast besloten erin te gaan. Al mijn angsten zal ik overwinnen, zelfs deze. Ik heb mijn bikini al onder mijn enveloprok gedaan, zodat ik me ginder niet meer moet uitkleden onder honderd zwarte ogen, want er zijn geen cabines. Djamila is ook al klaar en de jongens gaan met Saâd en Mohamed in de mannenafdeling. Aan de ingang zitten twee 'gardiens'. Ik vraag of ik binnen foto's mag nemen. Ze denken dat ik een Franse journaliste ben en zeggen dat ik hier alles mag doen, behalve foto's nemen in de baden. We stappen maar direct door. Djamila is al onmiddellijk door de schrik gegrepen want hete dampen komen ons al tegen. Het is hier de Algerijnse sauna. Ik ben vastbesloten van door te drijven en daar zijn de grote cabines. Ik ga overal eens kijken. Oh wee, wat een spektakel. Zoiets heb ik in mijn hele leven nog niet gezien. Ze zitten allemaal poedelnaakt op de grond of op de rand van het bad. Hele families, dik en dun, jong en oud liggen hier te stomen en het doet hun goed. Djamila is overstelpt door dergelijk spektakel en begint te wenen. Ze wil alleszins niet met mij het bad in. Ik neem mijn moed in mijn handen en begin de vrouwen aan te spreken in het Arabisch of het Kabylisch. Dit opent voor mij alle deuren. Ze beginnen luid te yellen en hun youyous zeggen me dat ze heel blij zijn dat ik als enige vreemdelinge hier samen met hen in het bad wil. Ze denken dat ik een Française ben, die hier woont en zo de taal geleerd heeft. Ik vind de tijd te kort voor mij en te lang voor de arme Djamila die in de gang staat te wachten en niet wil kijken. Ik zeg tegen de vrouwen dat ik straks terugkom. Ik kleed me terug aan en vraag aan de garde of ik straks terug mag komen in de plaats van mijn dochter. Dat mag. Buiten voel ik me al op-gelucht van het hete water en de damp. Ik breng Djamila terug naar de auto, waar Salah de wacht houdt. Hij kan niet in het bad want hij heeft een zwachtel om de hand, door in het glas van een fles te vallen. Deze keer neem ik zorgvuldig mijn fotoappa-raat mee, gewikkeld in een badhanddoek. Zulke zaken moeten vereeuwigd worden, want dit is in geen enkele reisbrochure te zien. Ik had wel eerst de toestemming gevraagd van de vrou-wen in het bad. Stel je voor dat ze me hier levend verslinden of in het kokend water gooien! Dat zou te veel zijn van het goede. Ik neem verschillende 'sexy' foto's. Een jonge vrouw zegt dat ze ook van mij een foto wil nemen. Ze vraagt mijn naam, hoeveel kinderen ik heb en hoe ik het hier vind. Ze komt uit Algiers en uit gegoede burgerij. Ze vindt me heel mooi. Ik moet per se haar kleine baby op de arm nemen. Dat zal geluk brengen, zegt ze. Ik zou er wel uren kunnen blijven, op de grond in het bad. Onder de hete douche neem ik water met de handen en masseer zo mijn hele lichaam zoals de vrouwen dat hier doen. Ze vinden het gewoon fantastisch. Alle andere cabines zijn leeggestroomd en iedereen komt in het bad waar ik zit. Ze staan tot aan de deur te drummen, halfnaakte standbeelden die me aanstaren. Als ze horen dat ik hun taal spreek, ben ik meteen hun zuster. Opeens komt er een oude vrouw binnen. Ik zie direct dat ze geen goede bedoelingen heeft. Ze begint de jonge vrouw die me toestond de foto's te nemen, uit te schelden voor rotte vis. Ze weet niet dat ik het allemaal versta en ik moet me inhouden om niet te lachen, want het is leuk om horen. Ze zegt: "Schaam je je niet, jij deerne, hier die foto's te laten nemen? Deze 'roumia' (Française) werkt voor de televisie en ze gaat die film tonen in gans Frankrijk!" Ik kom tussenbeide en zeg haar dat ik geen 'roumia' ben (de haat is misschien gebleven!) maar wel een 'Belgiquïa'. Ze bekijkt me argwanend. Ik zeg haar ook dat ik getrouwd ben met een Kabyl zoals zij. Ze bedaart, maar toch stuurt ze erop aan om mijn apparaat af te nemen. De andere vrouwen verdedigen mij en zeggen dat ik niets kwaads wil. Dan zegt ze dat ik het fotoapparaat maar cadeau kan geven als dank voor de genomen foto's. Dat is me nu toch wat te veel en ik verkies de aftocht te blazen. Ze zegt ook dat ze de garde gaat roepen. Ik ben niet bang want ik weet heel goed dat zelfs de gardien van dit bad nog nooit de vrouwen in het bad gezien heeft. Hij zal, hij mag en hij durft niet komen. Indien hij mijn fotoapparaat zou zien, zou hij wel kwaad worden want ik heb hem beloofd van mij aan de regels te houden. Ik zeg tegen de vrouwen dat ik naar mijn echtgenoot en kinderen moet. Ze bieden me nog een bidon aan met het hete water om Djamila ermee buiten te wassen. Ik kan de pot bijna niet dragen. Ze helpen mij mijn fotoapparaat in een hoek van mijn badhanddoek rollen en dan helpen ze mij de pot op de handdoek zetten. Zo ga ik hier voorzichtig buiten. Het ligt hier spiegelglad. Als ik val met mijn pot heet water ben ik gans verbrand. De garde die me ziet voorbijgaan, trekt grote ogen als ik met mijn pot voorbij zijn hokje schuif. Hij denkt wellicht dat ik het water in een plastieken zak mee naar België ga nemen. Buiten was ik er Djamila mee. Ondertussen zijn Saâd en de kinderen ook klaar. We voelen ons allemaal heerlijk. Het resterende water giet Mohamed over de pare-choc van de auto; dat zal beveiligen tegen ongelukken. We gaan nu wat verder onze koffie drinken die Fatma meegegeven heeft. Het is bij een bergbeekje. Na mijn twee hete baden neem ik hier nog een koud bad in het beekje samen met de kinderen. Ze amuseren zich verschrikkelijk. Salah is ondertussen naar boven geklommen en zit ons te roepen van boven op een rotsblok. Hij komt terug naar beneden en helpt ons in de rivier natuurstenen zoeken. Er zijn er vele en heel mooie. Ik denk dat ik, die al een verwoed verzamelaar ben, nog een stenencollectie ga aanleggen. Ik bezoek nog alle huisjes daar van de mensen die er hun vakantie doorbrengen op zoek naar de jonge vrouw van in het bad. Ik heb haar beloofd haar te komen zoeken om haar adres te vragen, want de foto's zou ze graag zien. Overal ben ik welkom en moet overal wat blijven, maar onze jonge vriendin vind ik niet. Die zit waarschijnlijk nog van het bad te profiteren. Dan maar terug naar Bouïra. Ik heb mijn best gedaan om haar te zoeken. Hopelijk denkt ze nu niet slecht over mij. Ze heeft wellicht gedacht dat we hier ook iets gehuurd hebben voor de vakantie.

Op de terugweg rijden we langs de plaats waar men een nieuwe stuwdam aan het bouwen is. Dat zal hopelijk alle waterproblemen oplossen.

Het is ondertussen al donker en onderweg hebben we een prachtige zonsondergang gezien. Opeens roep ik vanuit de auto: "Kijk voor ons, vuurwerk." Ik denk aan een of ander feest. Als we dichter komen, zien we dat een grote pyloon van de elektriciteit brandt. De stroom zorgt voor het nodige vuurwerk. We stoppen en Salah loopt al de straat over om naar het vuur te gaan. Gelukkig hebben we altijd water in de auto. Mohamed heeft ook nog natte doeken in de koffer want hij heeft in El Hammam zijn auto gewassen. Het water en de natte doeken doen het en het vuur is vlug gedoofd. Wat een geluk, want ik had al schrik, langs die eenzame baan. Vandaag was een onvergetelijke dag.

We zijn doodmoe. Nog vlug een stevig maal, nog een beetje verfrissing buiten, en de mat op.

Maandag, 1 augustus 1983

Vandaag bezoeken we de familie van Saâd die in de bergen woont. Het is een 30 kilometer hier vandaan maar er is geen straat, alleen smalle bergpaden, juist gepast voor één auto. Deze keer komt Hakima de oudste dochter van Mohamed met ons mee. Ze heeft zich voor de gelegenheid heel mooi gemaakt. Ze heeft een lang wit kleed aangetrokken met kleurige linten versierd. We rijden ongeveer een uur, want de wagen kruipt langzaam naar boven langs de smalle kronkelpaden, bezaaid met stenen en met hier en daar putten erin. Mohamed weet waar de putten liggen en ontwijkt ze. Ik spreek niet in de auto want ik ben bang en zeg een paar schietgebeden. Af en toe kijk ik eens naar beneden, want het panorama is heel mooi, maar het maakt me duizelig. Het is middag en de zon gloeit. Op de hoge bergtoppen ligt eeuwige sneeuw. Aan een bocht komt er een wagen uit de andere richting. Mohamed moet hem ontwijken en we scheren rakelings in een halve cirkel langs de afgrond. Oef! Nu heb ik het pas goed warm. Ik zeg hem dat hij in het vervolg in de bochten moet toeteren, want dat is de gewoonte. Men kan immers de auto's niet zien aankomen, ook al is het er maar één. Het is hier levensgevaarlijk en toch gebeuren hier zelden ongelukken. De mensen hier hebben de gewoonte in de bergen te rijden en ze weten elke steen en elke put liggen. Eindelijk zijn we er en ik herademe. De broden die ik op mijn schoot heb liggen, zijn al in stukken. Waarschijnlijk heb ik er onbewust in zitten knijpen. Ali, de oudste zoon van Mohamed, wacht ons op met zijn vrouw Hakima en drie kinderen. De zon steekt fel, maar binnen in het huis zonder vensters is het fris en rustig. Ik lees er in één trek de drie kranten die mijn moeder mij heeft opgestuurd. Verder vul ik mijn dagboek aan over ons bezoek aan de warme baden en ik heb veel inspiratie. Hier zou ik een lang scenario kunnen schrijven. We eten aan de grote tafel. Ondertussen komt de zuster van Saâd, Tassadid, binnen met haar drie kinderen. Ze woont een beetje hogerop in de bergen en Hakima is haar gaan halen. Ook de tante van Saâd komt en heeft eieren meegebracht die ze in een zakje tussen haar borsten gestopt heeft. Heel waarschijnlijk zijn die al hard gekookt! Er komt nog een cousin van Saâd, die in Roubaix woont met zijn broer Kaci, die ik ook in Frankrijk gezien heb.

Zijn zoon, die ik nooit gezien heb, durft niet binnenkomen en gaat een eindje verder met een vriend praten. Ik ga ernaartoe en begin met hem te praten in het Kabylisch. Hij buigt het hoofd en durft mij maar amper aankijken, omdat ik erop aandring. Hij is waarschijnlijk beschaamd omdat hij sjofel aangekleed is en maakt zich uit de voeten. Ik heb goed gelachen als Hakima me vertelt dat hij naar huis gegaan is en na tien minuten terug naar dezelfde plaats is gekomen met zijn mooie kleren aan. Had ik dat geweten, dan was ik wel even blijven wachten. Nu zit hij daar met zijn mooie pak te wachten op een steen en ik kom niet meer. Hakima vertelt me dat hij dit heel erg spijtig vindt.

Ondertussen zie ik ook de vrouw van Kaci Bekhita, die van de waterput water komt halen in de huid van een geit. Ik heb de last van de wereld om de kinderen tegen te houden, want de vrouw daalt af in de put tot haar emmer aan het water komt. Vooral Ibrahim zou ook de paar treden naar beneden willen doen. Een goede oorveeg doet hem van zijn plan afzien. Alle vrouwen hier vinden me erg vermagerd. Er zegt zelfs een dat ik nog maar alleen beenderen heb. Als je hier niet goed rond bent, denken ze wellicht dat je ondervoed bent.

Er is hier al veel veranderd tegen drie jaar geleden. Er is al elektriciteit en ze hebben ook een tv. In het huis staan er ook al een tafel en stoelen, daar waar we vroeger op de grond moesten zitten.

's Avonds moeten we nog couscous eten. De tafel wordt buiten op de binnenkoer gezet, want 's avonds zit de warmte in de huizen.

Ik eet niet veel meer want ik denk al aan de terugtocht. Alles is nu donker. Gelukkig misschien, want nu zie ik de afgrond niet meer. Op de terugweg zien we veel honden, Mohamed sluit de ramen. Hij vertelt dat er eens een hond langs het zijvenster binnengesprongen is. De honden zijn hier als wolven. Als je toevallig hier te voet zou gaan, zouden ze je wel verscheuren, want er zouden er direct twintig zijn. Ik heradem als we eindelijk beneden op de baan zijn. We zijn doodmoe, en Arezki gaat onmiddellijk slapen. Djamila en Ibrahim blijven nog een beetje bij ons zitten. Rond middernacht kruipen we ook onder de lakens.

Dag djebel (montagne).

Het is er heerlijk boven, maar het leven is er hard. Het is geen kwestie van leven meer, maar wel van overleven!

Dinsdag, 2 augustus 1983

Vandaag is er een groot circus in de stad aangekomen. Alle kinderen staan hier te springen om erheen te gaan. De ingang is duur: 50 D.A. loges, 40 D.A. mezzanines, 25 D.A. gradins. Ik denk dat ik toch maar vanavond met de kinderen ga, want Djamila, Arezki en Ibrahim hebben nog nooit het circus gezien. Hier in de stad staan er honderden mensen op de daken van de huizen om over de hoge afsluiting te kunnen kijken. Als er hier iets te zien is in de stad is dat altijd een groot evenement. Rond 18 uur voert Mohamed ons naar de stad voor een bezoek aan de familie Labassi. Het zijn oude bekenden van de eerste maal dat ik hier kwam, dat is negen jaar geleden. De echtgenoot Saïd is verpleger. Fatima is thuis en heeft één zoon en vijf dochters. Sedert ons laatste bezoek, drie jaar geleden, is er nog eentje bijgekomen. Ze hadden op een jongen gehoopt. Aangezien het weer een meisje was hebben ze haar de naam 'Amal' (hoop) gegeven. Dan zal de volgende wel een jongen zijn! Ik vind Fatima veel verdikt en veranderd. Ze is veel jonger dan ik, maar door de vele bevallingen is van haar slanke lijn weinig overgebleven. Ik ben Saïd nog altijd dankbaar omdat hij ons acht jaar geleden geholpen heeft. Djamila was toen 16 maanden oud en ze was ziek op het moment dat we naar België moesten vertrekken. Hij heeft haar 's morgens om 6 uur voor onze afreis nog komen verzorgen en een inspuiting gegeven, zodat de koorts vlug daalde (Djamila had toen een angina).

Ze willen graag een bezoek aan België brengen en dan zouden ze wellicht wel bij ons komen logeren. Over de kinderen zou zich wel de tante of de grootmoeder ontfermen. Hun huisje is klein, maar ze hebben wel een kleurentelevisie. Ze zijn hier allemaal verslingerd op Dallas. Iedereen kijkt ernaar. Ze zeggen dat president Carter Dallas naar Algerije gebracht heeft als dank voor de tussenkomst van Algerije in de bevrijding van Amerikaanse gevangenen in Iran. Volgens de laatste mode zijn hier ook de kleren in de stijl Dallas. Ik heb me hier een Kabylisch kleed gekocht, gemaakt uit Dallas-weefsel, heel chic. Saïd en Fatima dringen erop aan dat we zouden blijven eten, maar ik zeg dat mijn man mij opwacht om 20 uur in het groot café. Hun zoon Mustapha begeleidt ons tot daar. Hij durft niet met mij in het café binnengaan, want hij is er nog nooit geweest.

Tien minuten nadien komt Saâd ons er halen en we gaan samen te voet naar huis.

We hebben niet veel gedaan vandaag, maar toch zijn we doodmoe. Het is de warmte, die ons parten speelt.

Saâd kijkt altijd uit naar het dichtstbijzijnde toilet want hij heeft last van buikloop. Met de kinderen en mij gaat alles goed. We lopen niet blootshoofds in de felle zon. Saâd vindt het overdreven, maar nu zit hij met de gebakken peren en komt hij om hulp vragen. Imodium zal wel helpen.

Woensdag, 3 augustus 1983

Vandaag gaan we naar het circus. Het zal een heel probleem worden want alle kinderen willen mee en dat kost een fortuintje. Ik zou willen dat Fatma en Fatima met mij meekomen. Mohamed wil niet want hij heeft schrik dat de buren zullen babbelen als ze zijn vrouw in het circus zien zitten. Dan ga ik maar alleen met de kinderen. Aan het circus staan ze weer in dichte drommen aan te schuiven. Degenen die niet zinnens zijn er binnen te gaan, staan maar op de daken te kijken om toch een glimp van de dieren te zien. Ik sta met de kinderen als laatste in de rij. Er staat een politieman de orde te handhaven, en hij laat mij voorgaan. Ik toon mijn perskaart en onmiddellijk brengt ons iemand naar de plaatsen van 40 D.A. Ze zijn dichtbij de piste. Alle andere aanwezigen zitten boven op de plaatsen van 10 D.A. Als men de koorddanseressen aankondigt, is er een groot tumult. Ongelooflijk maar waar. Iedereen springt over de stoelen naar beneden om het spektakel van dichterbij te zien. De kinderen denken dat er brand is, want overal in het circus staan de pompiers. Er wordt langs de micro gezegd dat het spektakel niet zal beginnen alvorens iedereen terug naar boven gaat. Het is terug een lawaai van jewelste als iedereen terug over de rijen stoelen naar boven klimt. Alhoewel het verboden is te roken zit iedereen hier te paffen. De pompiers verwittigen hen en de sigaretten worden gedoofd. Ze zijn nog maar de rug gedraaid of het spelletje begint opnieuw. Ze kunnen hier niet luisteren, zelfs al staan alle bomen hier al in brand. Als de leeuwen komen, zijn we een beetje bang want ze brullen vervaarlijk. Als er één te hoog springt, zit hij vlak op mijn schoot. We herademen als ze weg zijn. Als er hier mooie vrouwen in glitterpak in de piste te zien zijn die zich daarbij nog langs touwen omhoog slingeren, zitten alle mannen hier als slangen op hun vingers te fluiten. Er komt een controleur de tickets verifiëren. Ik kan er alleen maar drie van de kinderen voorleggen. De plaatsen van 40 D.A. kan ik niet wettigen tenzij de heer aan te wijzen, die ze ons gegeven heeft. Hij gaat het vragen. Als hij terugkomt, wil hij me nog een betere plaats, een loge van 50 D.A. geven, en hij zegt: "Je suis comédien." Ik antwoord: "Moi aussi." En hij zegt: "Ça tombe bien!" We zullen maar genieten van het moment. Ik heb vooral veel aandacht voor de slangenbezweerder, die zomaar efkes een slang van 90 kg en 4 m lang rond zijn lichaam draait en de muil ervan in zijn mond steekt. Op het einde komt de parade met de vlaggen van alle deelnemende landen. Tot mijn verbazing zie ik dat de clowns Belgen zijn. Is het dan toch waar dat men in België goed kan lachen? Alle aanwezigen hebben hier zitten kronkelen van 't lachen. Mij kunnen ze zelden vermaken. Ik vind ze triestig.

Aan het einde van het spektakel wil iedereen weer op hetzelfde moment naar buiten. Ik hou de kinderen stevig bij de hand, anders geraak ik ze hier nog kwijt. We wachten nog een paar minuten op de stoep en daar zijn Saâd en Mohamed om ons op te halen. Ik ben blij dat ik dit spektakel hier heb meegemaakt. Er was voor mij zowel een spektakel buiten als binnen de piste. Als hier geen politie is, breken ze gewoon de boel af, zoals alle scholen hier waarvan de ruiten zijn ingegooid. Dit is het sein tot de vakantie, maar het is zielig om aan te zien. Voor alle vensters zijn er ijzeren staven zoals in de gevangenis en nog zijn alle ruiten gesneuveld. Hoe is het mogelijk!

Donderdag, 4 augustus 1983

Vandaag zijn we uitgenodigd op het verjaardagsfeest van Lakhdar, de zoon van Melcher. Hij is ingenieur en wordt vandaag 30 jaar. Hij is nog vrijgezel en is nog gedurende negen maanden soldaat want de legerdienst duurt hier twee jaar. Hij woont alleen met zijn oude moeder in een klein huisje. Mohamed is met zijn auto naar Tizi-Ouzou en hij is niet om 5 uur terug. Lakhdar denkt dat we de uitnodiging vergeten zijn en hij komt ons al te voet halen. Eindelijk is Mohamed terug en we zijn vertrekkensklaar. Fatna gaat mee met haar jongste zoon Karim. Dat maakt dat we met acht zijn en de wagen en de baan stijgt want het is terug de bergen in, maar deze keer niet zo hoog. Het huisje van Lakhdar is een soort grot zonder vensters. Men heeft mij vergeten zeggen mijn hoofd in te trekken en pardoes, daar slaat mijn kop al tegen de lage deur. Het is niet voor niets dat het dorpje hier Ras-Bouïra (het hoofd van Bouïra) heet. Dit gedeelte steekt boven de stad uit. De meubelen in het huisje steken me de ogen uit want het zijn rasechte, antieken stoelen en een zware eiken tafel. Lakhdar heeft hier alles op de markt gekocht. Hij heeft ze niet duur betaald: 40 D.A. voor een stoel. Ik zeg hem dat ik hem een radiocassetterecorder zal opsturen en dat hij me daarvan hier een paar stoelen kan kopen. Hij gaat direct akkoord. Terwijl de vrouwen de couscous (siksou in het Kabylisch) klaarmaken, gaan we een heel eind wandelen. De natuur is hier zeer prachtig. Het zijn kilometerslange rijen bomen (eucalyptus, olijfbomen en eiken). Aan het einde hiervan ziet men de weiden en de velden als wiegende 'bergen'. Daartussen komt een trein aangebolderd. Hier voel je je zo boven jezelf uitstijgen, het is de geschikte plaats om te mediteren. Lakhdar vertelt me dat hij hier dikwijls komt zitten, zelfs in het donker, gewoonweg om te genieten van de natuur. Het is wellicht daarom dat zijn brieven altijd zo poëtisch zijn. Ondertussen is zijn halfbroer, Rachid, ons komen vervoegen. Hij is hier onderwijzer (vanaf zijn 16de jaar) in het plaatselijke schooltje. Hij is gehuwd en heeft twee kinderen. We wandelen terug. Ibrahim moet zijn grote 'commissie' doen. Hij gaat met Saâd een beetje dieper in het bos en ik ben een beetje bang want er zitten everzwijnen en jakhalzen, schorpioenen en noem maar op. Ik ben opgelucht als ze na een tijdje terug verschijnen. Als we terug in het huisje komen, brandt reeds de petroleumlamp want elektriciteit is er nog niet. Ze maken de couscous klaar bij kaarslicht. Het wordt een echt 'dîner aux chandelles' en het is heerlijk! Ik waan me in een heel klein, chic restaurantje bij ons, vol antiek, strooien dak en de kaarsen op tafel! Hier is het beter en romantischer. Na het eten blijven we niet lang meer want het is al 21.30 uur en pikdonker want er is geen enkele verlichting buiten, alleen binnen de olielamp en de kaarsen van Melcher. Aan tafel vertelt Lakhdar mij hoe hij grootgebracht is in nog armzaliger omstandigheden en hoe hij heeft moeten vechten om zijn studies te kunnen voleindigen want meermaals heeft men hem willen uithuwelijken zoals dat hier de gewoonte is. Hij heeft dat nooit gewild want hij houdt er meer westerse ideeën op na.

Als we weggaan, gaat hij ons voor met de lantaarn; anders vinden we de auto niet meer.

Als we terug thuiskomen zijn Hakima, Malika, Djamila, Noura en Lila nog niet terug van het trouwfeest hier bij de buren. Ik vraag aan Saïd of hij er ons heen wil brengen en hij is direct akkoord. Arezki slaapt al. Ik neem Djamila en Ibrahim mee. Als we het huis naderen, horen we al de youyous van de vrouwen en het ritme van de derbouka. Als ik er mijn hoofd door de deur steek, moet ik direct binnenkomen. Ze brengen ons eten en drinken. Ik neem alleen de koffie aan, want ik heb bij Lakhdar al mijn buik volgegeten. Een vrouw slaat het ritme op de derbouka. Ik ken het klappen van de zweep en daar sta ik al te buikdansen met Hakima. Normaal is dit het lokaal waar de vrouwen zich amuseren. Het nieuws dat er een vreemde vrouw danst, doet de ronde als een vuurtje en alle mannen komen kijken aan ramen en deuren. Ze lachen en klappen in de handen. De vrouwen vragen wie me dat geleerd heeft, want ik doe het precies zoals op hun manier. Nu begin ik pas echt te leven. Ik dans er nog de hele avond met alle vrouwen, jong en oud. Saïd houdt me in het oog en heeft er zijn plezier in hoe alle aanwezigen naar dat ene lokaal komen. Djamila en Ibrahim hebben hun moeder nog nooit zo zien dansen, maar ze vinden het ook leuk en hebben nog geen slaap. We blijven er tot rond 12.30 uur 's nachts. Het feest zal nog twee dagen duren. Morgen moet Mohamed de bruid gaan halen naar Tizi-Ouzou. Dan duurt het feest hier drie dagen. Voor de bruid is alles eerder triestig. De mening van het arme kind wordt niet eens gevraagd. Er wordt alleen van haar verwacht dat ze gehoorzaamt aan haar man en vooral aan haar schoonmoeder die in het gezin de scepter zwaait. Ze willen hier ook nog een bewijs zien van haar maagdelijkheid want zo niet, dan staat haar misschien de dood te wachten. Arme vrouwen! Jullie leven niet, maar zijn er slechts voor het genot van de anderen. Toch zien jullie er gelukkig uit en hebben jullie lachende gezichten. Als we eindelijk buiten komen, zien we dat de bruidegom ligt te slapen in zijn auto, ver van alle kreten en dansen. Die man moet zich uitrusten want hij heeft veel werk voor de boeg! Als ze morgen zijn vrouw brengen moet hij uitgeslapen zin!

Heerlijke en ontspannende dag vandaag!

Vrijdag, 5 augustus 1983

Vandaag is Mohamed al om 5 uur op want hij gaat de bruid halen naar Tizi-Ouzou. Hakima, Hassina en Noura gaan mee om de derbouka te bespelen. Rond 2 uur komen ze hier voorbij met een sliert wagens, al toeterend. Ik loop met de kinderen naar het huis van de bruidegom want het is hier dichtbij. De bruid heeft de ganse reis onder een haïk (wit laken) gezeten want niemand mag haar zien. Mij alleen en de kinderen geven ze de toestemming om het laken op te heffen. Het is een meisje van 18 jaar, gekleed in het wit en mooi opgedirkt. Ze zit stilletjes te wenen, het arme wicht, want haar mening over het huwelijk is wellicht niet gevraagd. We hebben haar onze ventilator geleend, want ze blijft nog twee dagen onder dat laken, wellicht om zich te bezinnen op haar toekomstige taak, waarin van haar alleen volgzaamheid gevraagd wordt. Ze ziet mij en vraagt zich zeker af hoe ik daar bij haar ben terechtgekomen. In de kamer ernaast zitten de vrouwen te zingen en te dansen. Ik vraag aan de familie of ze haar tenminste te drinken gegeven hebben want ze heeft drie uur onder dat witte laken in de auto gezeten. De weg is wellicht moordend geweest, want ik ken hem heel goed: smalle kronkelende bergpaden, die juist zo breed zijn als de wagen. Nogal goed dat ze dit van onder haar laken niet gezien heeft. Men zegt mij dat ze later zal drinken. Heel waarschijnlijk krijgt het arme kind niets, terwijl de anderen zitten feest te vieren en te dansen. Men biedt ons aan te blijven eten, maar ik verkies met de kinderen naar huis te gaan. Ik heb genoeg gezien. Het is om het lachen bij te verleren. De bruidegom is ondertussen de stad ingegaan. Die komt pas 's avonds terug. Na onze siësta gaan we terug naar de bergen want we zijn uitgenodigd bij Miloudi Ali. Hij heeft jarenlang in Frankrijk gewerkt, maar nu is hij definitief teruggekeerd. De route is niet lang maar kronkelend en vol stenen. We rijden zelfs met de auto door de rivier alvorens aan het huis te komen. Het valt mij tegen. Ze wonen er wel met veertig of vijftig, een heleboel kinderen inbegrepen. We gaan boven op het dak van een in aanbouw zijnd huis zitten. Dat staat me niet aan, want ik moet voortdurend mijn kinderen in de gaten houden; die denken dat het een speelplaats is. Ze werpen altijd stenen naar beneden en ik ben bang dat ze naar beneden zullen vallen. Er zijn ook veel honden en katten! Vooral de honden zien er vervaarlijk uit. Ik verveel er mij steendood. De vrouwen komen naar mij kijken en giechelen. De mannen zitten me langs alle kanten te bespieden, maar spreken me zelf niet aan. Dat is hier niet de gewoonte, want hier respecteren ze nog de aloude tradities. Op het platform beginnen opeens om 20 uur een man en zijn vrouw hun salaat (gebed) te doen. Ik wil hen fotograferen, maar telkens als ik ze in mijn vizier heb, staan ze recht. Ik ga met de kinderen naar beneden om eens de rest van de gebouwen te inspecteren. Het is een hoeve: er zijn enkele koeien, veel kippen en kalkoenen. Aan de andere kant zijn de vertrekken van de families want er wonen hier wel vier generaties samen. De huizen zijn zonder meubelen met de traditionele 'fresch' (bed op de grond). Ondertussen zijn de vrouwen de couscous aan het klaarmaken boven een gat in de grond waar een houtvuur brandt.

Eindelijk komt het eten, want ik wil hier zo vlug mogelijk weg. Het eten is goed, maar eetlust heb ik niet. Ik steek het maar binnen want anders is Ali geoffenseerd. Hij vraagt mij al waarom ik niet van het vlees eet. Drinken doe ik niet want het is water uit de put met veel ijs erin. Ik verbied de kinderen ervan te drinken, want anders hebben ze misschien onmiddellijk een keelontsteking. IJskoud water is hier te vermijden in die hitte. De mensen hier hebben de gewoonte er liters van te drinken. Ze zijn er immuun tegen, maar voor ons doet het geen goed. Ik ben blij als de meloenen op tafel komen, want dat is voor mij gezond eten en drinken. Ik heb hier ondertussen met de vrouwen en de kinderen gepraat. Ze zijn ongeletterd en kennen zelfs hun leeftijd of het uur niet. Hier is werkelijk de tijd blijven stilstaan. God is heel waarschijnlijk dit bergdorpje vergeten. Het treft mij ook te zien hoe Miloudi Ali, die toch zoveel jaren in Frankrijk heeft doorgebracht weer voortboert zoals voorheen. Zijn verblijf in het westen heeft hem niets bijgebracht. Eens in zijn natuurlijke milieu vervalt hij in zijn oude (lees: slechte) gewoonten. Hier zou een beetje orde op zaken moeten gesteld worden want alles is hier een onbeschrijfelijke warboel, met vijftig mensen erin, die alle dagen moeten vechten om te overleven.

Ik ben blij als we eindelijk de auto instappen. Fatna is blij dat ze mee geweest is, want het is haar tweede uitstap. We zitten nog maar pas in de auto en daar bollen we vervaarlijk de helling af. De steile helling is een beetje te veel gevraagd voor de oude wagen. Ik sla al in paniek want het is pikdonker en we bollen de rivier in. Gelukkig staat alles droog. Een tweede maal wil hij op volle toeren de helling op, maar daar gaan we weer naar beneden. Ditmaal is het mij te machtig. Ik raap mijn spullen bij elkaar en stap uit, de kinderen aanmanend om hetzelfde te doen. Tussen twee kwalen moet men de minste kiezen. Ik weet niet of ik er goed aan doe, want de bossen hier zitten vol jakhalzen, everzwijnen, schorpioenen en slangen. In het donker komen ze naar buiten. Ik sta er te bibberen op mijn benen langs die gevaarlijke weg. Gelukkig zegt Saâd dat we allemaal moeten uitstappen, anders raken we hier nooit uit. Ik neem de kinderen stevig bij de hand. Vroum! Daar gaat Mohamed met zijn carcasse van een wagen de helling op. Ouf! Was me dat een avontuur! Nooit meer ga ik nog met die wagen in het pikdonker langs kronkelende wegen. Ik heb het leven lief en in Algerije wil ik het zeker niet laten.

Thuisgekomen gaan we nog eens vlug kijken of er nog ontspanning is op het trouwfeest maar de feestvierders liggen al te slapen. We gaan wel nog eens langs bij de bruid die nog altijd onder haar laken zit. Ze lacht naar mij, want ze herkent me van deze morgen. Ze spreekt niet veel Frans, maar ze is blij dat ze me ziet. Naast haar ligt een kindje te slapen dat men zojuist besneden heeft (Thahara). Het arme jongetje heeft erg geweend want hij is hier thuis besneden, door één of andere verpleger. Daarnaast slapen nog twee vrouwen met hun baby aan de borst. Een zielig spektakel! Het doet breugheliaans aan.

We verlaten de feestwoning en gaan dan maar slapen. God weet waar we morgen verzeilen!

Zaterdag, 6 augustus 1983

Vandaag ben ik terug met de kinderen naar 'L'arossa' (la mariée) gegaan. Ze is reeds van onder haar wit laken, maar het huwelijk is nog niet voltrokken. Dat is voor deze nacht. Zo is de traditie. De bruid blijft in de kamer en pas de derde dag komt haar echtgenoot. Ze lacht als we binnenkomen. Niemand van de andere aanwezigen mag haar zien. Ze vraagt of ik haar wil maquilleren om mooi te zijn als haar man zal komen. Ze heeft van haar ouders een doos maquillage meegekregen en ze rekent op mij om te weten waartoe elke product dient. Ik begin met haar haar te kammen en er een crème in aan te brengen. Dan wordt het opgestoken en is het de beurt aan het gezicht. Ik begin met een fond de teint en daarop de gekleurde crème, heel bleek, want hier willen ze witter zijn met hun maquillage. Op de wangen breng ik een tikkeltje rouge aan. Ze wil in de spiegel kijken en ze vindt het heel goed zo. De wenkbrauwen laat ik onaangeroerd want ik kan ze niet mooier tekenen zoals ze van nature uit gebogen zijn. Ik breng nog een beetje mascara aan op de ogen. Zijzelf hanteert het kohlpotlood en nu is ze gereed voor haar bruidsnacht. Gedurende gans de tijd spreek ik haar aan in het Kabylisch of het Arabisch. Ze is nu heel blij. Ik zeg haar nog dat ze nu niet meer mag wenen want dat ze anders gans zwart zal zien. Alle vrouwen proesten het uit. Nu ze klaar is voor de bruidsnacht gaan we weg. In de late namiddag komen de broers van de bruidegom me nog roepen om te dansen. Ik ben moe, want we komen net terug van de wandeling. 's Avonds brengen ze dan couscous naar hier als dank. We eten er niet veel van, want hij is veel te pikant.

's Avonds verlaten alle genodigden het huis zodat de echtgenoot met zijn bruid alleen is en niemand hen kan bespieden. Ze gaan bij de buren de nacht doorbrengen. 's Morgens gaan ze terugkeren om het bebloede laken te zien, want hier moet men nog bewijzen zien van de maagdelijkheid, zo niet wordt het meisje terug naar haar familie gestuurd, verstoten, ja zelfs gedood. Dat het maagdenvlies kan gescheurd zijn door één of andere reden, bijvoorbeeld door het lange gehurkt zitten of sport op school, dat schijnt hen niet te deren. Geslachtelijk verkeer voor het huwelijk is hier onmogelijk want de meisjes komen hier niet buiten.

Ik vraag nog of ik een foto met de bruid mag hebben. Ze zeggen dat ze niet uit de kamer mag, zo niet zal haar echtgenoot haar slaan. "Zelfs niet naar het toilet gaan?" merk ik op. Nee, dat ook gebeurt hier in de kleine kamer en ze wijzen me de plaats. Ik heb goesting om te braken.

Arme slaven van de tradities van de voorvaderen.

Vrouwen van Algerije, sta op en werp uw juk af. Jullie verstikken hier!

Zondag, 7 augustus 1983

Deze morgen zijn Mohamed en Saâd al vroeg weg om hun moeder naar Palestro te voeren. Daar zal ze waarschijnlijk geopereerd worden aan haar oog. Ze is bang dat ze niet in de kliniek zal mogen blijven bij gebrek aan plaats. Ze wil er enkele dagen blijven alleen maar om er rust te hebben, want hier met het gejoel van de kinderen slaat haar hoofd open en toe. Tegen de middag zijn ze terug. Djedda Aouda heeft geluk want er zijn niet veel zieken en ze is mogen blijven. Wij hebben hier thuis niet zoveel geluk, want van 's morgens vroeg zitten hier al werklieden in huis om de buizen voor het aardgas te installeren. De vrouwen weten hier niet meer waar te kruipen, want die werkmannen mogen hen niet zien. Saâd blijft bij hen gans de dag en eet met hen. Fatna maakt voor hen koffie en ik zal hen bedienen. De vrouwen zitten door een kier van de deur te kijken, want ze hebben plezier. Fatna zegt: "Als ze jou zien binnenkomen met die koffie, gaan ze op hun vingers kloppen. In plaats van zich te haasten blijven ze hier misschien nog een week werken. Ik kom binnen. Saïd heeft al binnenpretjes want de werkmannen staan met de rug naar mij gekeerd. Ik zeg in het Arabisch: "Willen de heren koffie, alstublieft?" Opeens schrikken ze. Als ze mij zien is de ene blij verrast en maakt mij complimentjes over mijn goede uitspraak van de taal hier. Voor de andere is het teveel van het goede. Vanop zijn ton is hij recht door het openstaande venster gesprongen. Saïd staat zich te verkneukelen en ik lach me een bult. Als ik buiten ben, komt de andere terug binnen om van zijn koffie te slurpen. Als er hier werklieden in huis zijn, komt er geen vrouw omtrent. Alleen het horen van mijn stem heeft die ene werkman al doen schrikken. Hadden ze mij alleen ontwaard in de keuken, zou hun reactie heel anders geweest zijn. Nu met Saïd erbij zijn ze beschaamd, want misschien denken ze wel dat ik zijn vrouw ben. In elk geval, tussen het geklop door hebben we hier hartelijk gelachen. Saïd heeft mij beloofd om met mij de stad in te gaan, als de werklieden weg zijn. Als ze eindelijk buiten zijn en hij zich gewassen en klaargemaakt heeft is Arezki in slaap gevallen. Dat is tegenslag want hij weet dat ik hier geen kind alleen achterlaat. Dan wachten we maar tot zijn uiltje gevangen is. Het is hier heel de namiddag een geklop en geroep van jewelste en niemand heeft een siësta kunnen doen. Ik heb de moeite van de wereld om een kwartiertje alleen te zijn, om me te kunnen wassen. Ik stuur de kinderen allemaal buiten en zet valiezen voor de deur. Eindelijk kunnen we vertrekken, Arezki incluis. Het is inmiddels al 19 uur. Hakima komt ook mee en ze heeft geluk want in de stad ontmoeten we haar geliefde die ze anders maar af en toe ziet. Ik vraag hem mee met ons een glas te drinken. Hakima is blij en praat veel met hem. Ze is wel gegeneerd omdat haar broer Saïd dat ziet en hoort. Als we terugkomen telefoneer ik nog eens naar mijn moeder. Saïd (de geliefde van Hakima, hij studeert voor ingenieur) betaalt 24 D.A. voor mijn telefoon. Ik wil het niet, maar hij dringt aan. Ik weet niet waarom hij dit doet, maar het is een feit dat hij heel vriendelijk is met mij. Soms heb ik de indruk dat hij mij wil versieren, want hij vraagt voortdurend of ik er zal zijn als hij komt. Het is nochtans maar de tweede maal dat ik hem zie, nu en drie jaar geleden. Ik weet nog precies de omstandigheden weer te geven waarin ik hem drie jaar geleden ontmoet heb en weet nog wat hij toen gezegd heeft. Hij staat er versteld van. Onderweg verlaat Saïd (de broer van Hakima) ons om aan te schuiven voor brood. Ze staan daar wel met vijftig personen in de rij. Ondertussen heeft Hakima ruimschoots de tijd om met haar geliefde te praten, want als haar broer erbij is, waakt hij voortdurend. Na een half uur komt hij met het brood. Als we thuiskomen zie ik dat hij humeurig is. Hij is waarschijnlijk kwaad omdat Hakima ons vergezeld heeft en hij is een beetje jaloers op Saïd. Hij heeft ook niet graag dat hij veel met mij praat. Ik denk dat hij die vent vervloekt omdat hij onze wandeling en onze conversatie verstoord heeft. Als we thuis zijn, begint hij een brief te schrijven. Hij lacht naar mij en is vriendelijk, maar ik weet heel goed dat hij kwaad is op de andere Saïd. Mohamed en Saâd komen terug van de bergen en dat brengt de conversatie terug op gang. In de stad had Saïd me eventjes moeten beschermen, want een loslopende gek wierp van heel dichtbij een brandende sigaret naar mij. Ik had het niet onmiddellijk gezien, want ik was druk in gesprek met Hakima. Opeens zag ik het vuur op mijn witte lange broek. Ik slaakte een kreet van verschrikking, maar Saïd had het vuur al gedoofd en de vent al wandelen gestuurd. Straks durf ik hier toch niet meer alleen op straat lopen, want honderden mannenogen staren me aan als hongerige leeuwen.

Het wordt hoog tijd dat we naar België terugkeren. Ik ken hier de stad al van binnen en van buiten en Arezki en ik hebben geen eetlust meer. Heimwee naar huis?

Maandag, 8 augustus 1983

Vanmorgen zijn we naar de stad geweest om inkopen te doen want het vertrek nadert. We kopen handgemaakte juwelen van Kabylië. Die zijn prachtig en nergens anders te vinden dan hier in de streek zelf. Als we willen terugkeren valt opeens de auto stil. Een politieagent loodst ons naar beneden. Ik ben bang want de straat is hier vol van kinderen. Ik stap uit en zeg tegen Saâd dat het onbegonnen werk is om de auto in gang te duwen. We laten hem achter en stappen te voet naar huis. We gaan voorbij een slagerswinkel. Buiten op de drempel liggen nog met bloed besmeurde koeienkoppen en een schapenkop met de poten ernaast. Dat is hier een fijne lekkernij. Het zien ervan ontneemt me mijn eetlust.

In de namiddag haal ik mijn pannenkoekenmeel uit. Ik zit hier een uur op mijn hurken zoals de vrouwen hier en iedereen krijgt zijn pannenkoek. Het zijn er wel twintig. Ze vinden het heel lekker. Ik hou zorgvuldig een beetje deeg opzij want Saïd is nog niet thuisgekomen en hij moet ook zijn pannenkoek hebben. Als hij komt, is Fatima mij voor en bakt hem zijn lekkere pannenkoek. Hij komt mij bedanken. Nadien wordt de auto opgeknapt want morgen gaan we naar de woestijn, naar Bou-Saada (la cité du bonheur). We zitten hier allemaal op de binnenkoer, dik van het pannenkoekeneten, tot opeens de kinderen komen met het nieuws dat Saïd (de geliefde van Hakima) in aantocht is. Hij brengt ons een paar foto's van de moeder van Saâd. Hij is geschrokken van het feit dat hij ons allemaal in de koer vindt; zelfs de auto is er, want de mannen werken eraan. De vrouwen kijken vanop de drempel. Hij maakt bijna onmiddellijk rechtsomkeer. Hij weigert zelfs koffie te drinken. Terwijl hij elke uitnodiging afwijst, gaat hij deinzend terug naar de poort. Hij praat altijd maar door tegen mij. Opeens is hij de weg kwijt en langs waar hij wil buitengaan, is er geen poort. Ik bijt op mijn tanden. Alle ogen die hem nastaren lachen, want het is kostelijk om zien. Als hij buiten is, zegt Djamal die hier de komiek van de familie is:

"Tata, tata" en hij imiteert Saïd. Ik brul het uit van het lachen. Waarschijnlijk heeft hij dat nog buiten gehoord. Mohamed zegt: "Nu komt hij nooit meer terug." Hakima lacht ook, maar ze hoopt in stilte dat hij zich hierdoor niet zal laten decourageren.

's Avonds vertellen we nog de belevenissen van de dag en we hebben nog veel plezier. Morgen nog Bou-Saada en dan zijn de grote uitstappen achter de rug.

Dinsdag, 9 augustus 1983

Vandaag wordt het een lange reis vol met hindernissen. We gaan naar Bou-Saada (la cité du bonheur = geluksstadje). Het is op zowat 155 km hier vandaan, maar we rijden er drie à vier uur op, want we rijden hier tegen 40 km/u. De baan is vol met tankwagens met de vermelding 'liquide inflammable'. Deze traag rijdende wagens in een hitte van rond de 50° maken mij ongerust. Ze rijden de weg naar de Sahara op. We stappen onderweg in Aïn-el-Hadjel om te drinken. We zijn nog maar net terug aan 't rijden of paf! Daar hebben we een gesprongen band. Saâd, Mohamed en Djamal, die ons vergezelt, beginnen onmiddellijk een nieuw wiel te steken. We laten een eind verderop de band maken. Het kan niet meer gemaakt dus rijden we maar verder tot Bou-Saada. Daar gaan Saâd en Mohamed terug naar een andere band zoeken want zonder reservewiel sta je hier alleen in de Sahara. De kinderen en ik gaan ondertussen de trapstraatjes in. Ik ben nog maar net boven en daar komt me een ongesluierde vrouw tegemoet. Ze ziet me en zegt "Aroa scharb kaoua." Daar waar hier de vrouwen gesluierd zijn zodanig dat er maar één oog zichtbaar is, wil ik direct met deze ongesluierde vrouw mee. Ik stuur Djamal terug om tegen Saâd te zeggen dat ik hierboven bij de vrouw ben. Haar man staat mij ook al te roepen. Ik zie onmiddellijk zijn naaimachine. Hij is 'couturier' en zegt dat hij me een kleed zal maken. Hij stelt me zijn vrouw en zijn kinderen voor en vraagt hoe het in Frankrijk gaat. Als ik zeg dat ik Belgische ben, is hij nog enthousiaster. De familie legt me gans hun handel en wandel uit. De man is vroeger ook in Frankrijk geweest en zijn dochter is daar in het hospitaal. Ze vragen de namen van mijn kinderen en zo weten ze onmiddellijk dat mijn man uit Algerije is. Ze willen hem absoluut zien. Ik kijk vanop het balkon naar beneden en daar staat Saâd mij al te zoeken. De man roept hem naar boven en daar zitten we dan weer koffie te drinken. Saâd staat zelf versteld van hun gastvrijheid. Hij vraagt hun adres en ondertussen is de band gerepareerd. Ik ben blij dat ik zo in een echt Arabisch huis beland ben, zonder stoelen of tafels, alleen maar matten. Nu rijden we eindelijk het stadje binnen. Eerst gaan we eten in een restaurant. Binnen ziet het er niet al te proper uit, want overal zitten katten mee te eten en de vloer ligt vol etensresten. We eten er kip, maar ik wil hier geen vlees eten. Ik heb hier al vuile slagerswinkels gezien waar het vlees hangt te rotten in de brandende zon. Ik vraag alleen maar een bord salade. Ik neem er zo twee, want het is alsof ik niets gegeten heb. Ik beklaag het mij, want als ik mijn handen wil gaan wassen, zie ik hoe een jongen de borden met salade klaarmaakt. Met zijn vuile handen smijt hij hier en daar een blad sla op elk bord en giet er dan wat olie op. Ik krijg geen mes, alleen maar een vork. Hoe kan ik dat groot blad nu in mijn mond krijgen? Gelukkig heeft Djamal een lepel, want hij heeft *djwozz* besteld (voedsel in een grote pot waar men met een korstje brood of een lepel zijn portie opschept). Ik mag af en toe de lepel lenen om mijn sla te snijden. We kronkelen van 't lachen want hij heeft niets om zijn kip te snijden. Nadien gaan we koffie drinken. Vandaar rijden we naar de plaats waar de mensen met reuma zich in het woestijnzand ingraven. Er zijn twee mannen op een zandheuvel die zich ingegraven hebben. We moeten klimmen, hoog en nog hoger in het brandende zand om de plaats te bereiken. De mannen zijn blij met ons gezelschap en bieden ons water aan. Ze hebben een schop bij zich, en Saâd begint mij er ook mee in te graven voor de foto met de twee mannen. Als die gelukt is zal het een goeie zijn want ik heb de grote paraplu van die mannen als parasol boven mijn hoofd. Als we naar beneden glijden, zien we allemaal bloedrood. We gaan ons direct verfrissen in het chic hotel El Caïd. Aangezien we er niet logeren, mogen we niet in het zwembad. Ik profiteer van de gelegenheid om de prijzen te vragen, want misschien willen we eens komen logeren, maar het is te duur. We doen nog een paar inkopen in het stadje en dan vangen we de lange weg terug aan. We zijn nog maar goed aan 't rijden of daar hebben we op-nieuw een lekke band. Dan maar terug aan de slag. De route is heel eenzaam en nu vinden we nergens gelegenheid om de band te herstellen. Dan maar zo verder in de hoop dat de band stand houdt. Hij doet het, maar nu begint de wagen het te begeven. Het is ondertussen al pikdonker geworden. We zijn niet ver meer van huis! Ik weet dat we straks de spoorweg naderen en de schrik overvalt me. Ik zeg tegen Mohamed: "Laat de wagen hier maar achter, of we blijven midden op de rails staan." Hij gaat nog verder reizen, al schokkend als een speelgoedtreintje. Hij dooft zijn lichten om de batterij te sparen, maar hier stuit hij op protest van mijnentwege. Zoals ik gezegd heb, gebeurt. De wagen blijft midden op de rails staan. Ik sta doodsangsten uit. Eindelijk met een duwtje zijn we de helling af. Ouf! Nu is het genoeg. Ik stap met de kinderen uit en begin mijn zaklamp te zoeken. Het is pikdonker en de kinderen klagen: "We hebben honger en kou." In Bou-Saada hebben we zitten braden in de zon en nu is hier een koude wind, want het is al tien uur. Ik zeg tegen Saâd dat ik met de kinderen te voet verder ga, maar die vertrouwt het niet, want mijn lamp is kapot en we moeten hier nog een brug over. We wachten dan maar op Mohamed die benzine gaan halen is. Een beetje benzine erop gieten en daar stappen we terug in, met schrik weliswaar, want ik denk dat deze auto eens de lucht zal invliegen. Thuisgekomen doe ik mijn beklag en zeg dat dit mijn laatste uitstapje was. Morgen ga ik wel nog eens naar Djedda Aouda in het hospitaal. Dat kan ik nu toch niet weigeren.

Woensdag, 10 augustus 1983

We gaan met de wagen naar Palestro (Lakhdária). Daar is Djedda Aouda in het hospitaal om haar ogen te verzorgen. Hakima gaat met ons mee. Het is verschrikkelijk heet en voor het hospitaal staat al een rij aan te schuiven. We wachten nog een kwartier in de brandende zon en dan schuiven we met de anderen naar binnen. De moeder van Saâd is heel blij ons nog eens allemaal te zien. Ze is hier graag in het hospitaal omwille van de rust, want thuis is er altijd het gejoel van de kinderen. De vrouwen liggen hier allemaal gekleed op het bed in vuile lakens. Een vrouw komt de lakens verversen en degene die ze op het bed legt, zijn nog vuiler dan de vorige. Ze zijn vol bloedvlekken, maar die vrouw schijnt het niet te merken. Vrijdag komt Saâd nog eens terug bij zijn moeder om afscheid te nemen.

'S Avonds gaan we hier nog naar een nieuw hotel El Nassim. Daar werkt een vriend van Saâd. Er verblijft hier een Belgische architect. Ik heb zijn auto al onmiddellijk gezien. We vertellen dat we gisteren naar Bou Saada geweest zijn en dat we langs de baan driemaal in panne zijn gevallen. Hij zegt ons hoe gevaarlijk het is, want de velden zitten vol wolven en jakhalzen. Onlangs is hier een soldaat, die autostop deed, verscheurd door een bende wolven. De baan is zeer eenzaam want ze leidt naar de woestijn. Hij had een klein zakmes bij zich, maar kon de wolven niet de baas. Een voorbijrijdende taxi heeft hem al hevig bloedend op de baan zien liggen. De man met zijn drie passagiers is zelf bang en durft de gewonde niet in zijn auto nemen. Hij zegt dat hij in de stad de hulpdiensten zal verwittigen, maar de weg is nog lang. Als hij met de hulpdiensten komt, is het al te laat. Ze vinden alleen nog het hoofd. De wolven hebben de soldaat helemaal verscheurd. Had die taxichauffeur hem onmiddellijk in zijn auto genomen, was hij misschien gered. Deze man is naar het schijnt zwaar veroordeeld.

Als ik dat verhaal hoor, ben ik bang dat ik al zoveel maal met de kinderen in het donker uit de auto ben gestapt.

God behoede ons! Nog twee dagen avonturen en dan ons rustig België!

Donderdag, 11 augustus 1983

Vandaag is mijn grote wens in vervulling gedaan, het bezoek aan een nomadentent (el ghettoun: de tent) (l'iquebella: mensen die onder de tent wonen). Ik koester deze droom al sinds negen jaar, de eerste maal dat ik Algerije bezocht heb. Ze hebben hun tent hier opgeslagen op een tiental kilometer van het huis van Mohamed. We arriveren met de auto op een vijftigtal meter van de tent. De honden zitten al klaar om indringers aan te vallen. Een jongen van een jaar of tien komt tot aan de auto. Mohamed vraagt of ik in de tent mag fotograferen en eens binnenkijken, maar deze jongen is goed de les gespeld. Geen enkele vreemde gaat hier binnen. Ik dring aan en haal mijn Arabisch uit. Zijn grote broer is met de kudde weg. Hij komt juist terug. Ik discussieer met hem en zeg dat ik geen Française, maar Belgische ben en dat ik graag een tent zou bezoeken. Hij laat zijn wantrouwen vallen en zegt dat ik mag fotograferen en binnengaan. Saâd en Mohamed blijven bij de auto met hem, want er is geen sprake van dat een vreemde de vrouwen ziet. Ik ga binnen met Hassina. Aan de deur zie ik een vrouw van middelbare leeftijd. Ze ziet mij en zegt direct dat ik moet terugkeren. Ik haal terug mijn Arabisch uit en expliqueer haar dat ik veel respect heb voor de mensen onder de tent en dat ik graag met hen kennis zou maken. Ze lacht omdat ik haar taal spreek en begint Hassina te ondervragen over mij. Ik mag buiten van haar een foto maken, maar binnen mag ik niet. Ze zegt tegen Hassina dat het niet mooi genoeg is voor mij. Ik heb het verstaan en begin dit te weerleggen. Ik zeg haar dat ik het mooier vind dan het mooiste huis in de stad. Opeens heeft ze een brede glimlach en ze zegt: "Kom binnen koffie drinken met mijn dochter." Ik laat het mij geen tweemaal zeggen en met een kordate stap hef ik het tentzeil op. Daar vind ik een beeldschoon meisje dat me toelacht. Ze heeft alles gehoord en vraagt niets liever dan dat ik binnenkwam. Ze is vijftien jaar en al verloofd met een jongen die ze nooit gezien heeft. De vader is overleden en deze vrouw woont hier alleen met haar dochter en haar zonen. Het meisje maakt heel 'straffe' koffie voor ons. Ondertussen willen ze alles weten over mij: waar ik woon, wat ik doe, wie mijn echtgenoot is, enzovoorts.

Zij hebben al een tapijt gespreid waar ik moet gaan zitten. Ik begin spijt te krijgen dat ik aan geen geschenken gedacht heb, maar alles is zo snel gegaan. Ik grabbel in mijn handtas en vind een lippenpotlood. Ik geef het aan het meisje. Ze is in de wolken, maar ik moet het haar eerst voordoen om te zien hoe ze dat moet gebruiken. Daar zit ik dan op mijn mat met mijn spiegeltje voor mij, mijn lippen te verven. Ik proest het uit van het lachen, en de vrouwen ook. Hassina gaat in de auto mijn grote tas halen. Misschien vind ik daar nog wat in. Ik geef haar mijn foulard, een geursteen voor de woning, een petje voor de kleine jongen en een stift voor het meisje van 10 jaar. Ze is er waarschijnlijk niets mee gebaat, want ik zie aan haar reactie dat ze niet eens weet wat het is. Niemand onder de tent gaat naar school. Ze weten niets van de buitenwereld af. Mijn bezoek hier moet wel overkomen alsof ik door Allah gezonden ben! De moeder begint tegen de grote dochter te 'fezelen', ik vraag wat het is, maar ze zeggen dat het een geheim is. Als ik wil weggaan, begrijp ik alles opeens. Ze hebben hier mijn bezoek zo op prijs gesteld dat ze me 50 D.A. (ongeveer 500 BF) geven voor de aangename conversatie. Normaal zou ik moeten betalen voor de genomen foto's die ik anders nooit zou kunnen nemen. Nu is het mijn beurt om beschaamd te zijn. Het briefje gaat verschillende malen van mijn hand naar de hare, maar ik weet dat ze zal boos worden als ik het niet aanneem. Ze verstopt het briefje in het kleed van Djamila. Ze zegt dat het gebruik wil dat, als er voor de eerste maal kinderen onder de tent komen, ze iets moeten krijgen, zo niet zal er onheil komen. Ik bedank haar duizendmaal. Ze zegt dat ik moet terugkomen. Ik beloof het haar ten stelligste, maar ze moet wel een paar jaar wachten. Hopelijk staan ze hier dan niet te ver van. Bij het buitengaan maak ik mijn horloge los en geef die aan het meisje. Ze is in de wolken. Ik weet zeker dat ze het uur niet kent, maar een horloge is voor haar iets dat ze anders nooit in haar leven zal hebben.

Nu moet ik weg of ik begin me hier uit te kleden en ik geef alles aan die vrouwen. Ze roepen nog allerhande wensen achter mij. Bij de auto gekomen zeg ik in perfect Arabisch tegen de oudste zoon: "Waarom ben je niet met mij koffie komen drinken?" Hij schrikt zich een bult, maar hij is blij verrast. Hij zegt: "Een andere keer." Hij wacht niet lang want de dag nadien, als ik nog slaap, komt hij ons al terug naar de tent uitnodigen, want hij heeft veel gemist. Nu heb ik geen tijd meer, want mijn valiezen wachten!

Wat een prachtige dag: Ik voel me meer dan gelukkig!

Vrijdag, 12 augustus 1983

Geen grote uitstappen meer! Ik wil alles eens rustig beschouwen. Ik ga voor de laatste maal naar de stad met onze vriend Saïd. Arezki, Ibrahim en Djamila gaan niet graag mee want ze zijn in de kamer aan het spelen met Malika die hen leert dansen. Ik kan ze overtuigen, want zonder hen zet ik hier geen voet buiten. De andere kinderen volgen ons, want ze zijn allemaal heel nieuwsgierig. Ik heb er niet aan gedacht dat alles hier gesloten is op vrijdag. Ik wilde mijn armband, die ik pas gekocht had en waar ik al een steen uit verloren heb, laten herstellen. "Malish," (dat is niets) zegt Saïd, "geef die maar aan mij. Ik laat hem morgen repareren en stuur hem je op." Er blijft niets anders over dan iets te gaan drinken in ons vertrouwde café. Saïd en ik hebben elkaar heel veel te vertellen. We zitten zo met de kinderen lekker te praten als de andere Saïd binnenkomt. Zie me daar zitten tussen die 2 Saids die ons al veel verwend hebben. Ik vertel hem over die 50 D.A., die de vrouw uit de tent me gegeven heeft. Die wil ik besteden aan een nieuwe derbouka, want Ibrahim heeft de onze uit Bou-Saada al gebroken. Als hij hoort dat ik het jammer vind dat de winkels gesloten zijn, zegt hij dat hij mij wel een derbouka zal vinden. Ik wil hem geld geven doch hij weigert. Een kwartier nadien komt hij terug met een mooie derbouka, maar hij wil niet dat ik hem betaal. Cadeau! Nadien gaan we naar het park wandelen en daar maak ik mijn laatste foto's met de beide Saïds. Les Saïds se suivent et ne se ressemblent pas! Ik vraag aan de broer van Hakima of Saïd mee naar huis mag komen. Hij heeft er geen bezwaar tegen. Hakima zal dolblij zijn en Saïd (de broer van Hakima) doet me graag plezier. Mohamed en Saâd zijn weg naar Palestro om afscheid te nemen van hun moeder. Deze keer zijn Khelti Melcher, Tassadid (de zuster van Saâd) en zelfs Fatima mee. Voor haar is het haar eerste uitstap, ook al is het maar een bezoek aan het hospitaal. Nu is het zoals bij ons: als de kat van huis is, dansen de muizen op tafel. Hakima is dolblij dat Saïd meegekomen is en ze maakt van de gelegenheid gebruik om veel met hem te praten en bij hem te komen zitten. Dit zou zeker niet het geval zijn als haar vader thuis was. Om half vier komen ze thuis van ziekenbezoek. Het feest is gedaan voor Hakima. Saïd wil vertrekken, maar ik zeg dat hij nog moet blijven. Dat doet hij graag, maar ik mag niet weggaan om de valiezen te pakken. Goed, ik laat mijn valiezen maar staan. Hij gaat nadien met Saâd de stad in om nog afscheid te nemen van een paar vrienden. Ik weet dat Saïd niet durft terug te komen en daarom vraag ik aan Saâd om hem terug naar hier te brengen. Dat was hij al zinnens, dus is alles oké. Hij blijft nog tot 9 uur want anders vindt hij in de stad geen wagen meer die hem naar boven in de bergen kan brengen. Hij woont daar bij zijn grootvader, want zijn ouders wonen in Parijs. Terwijl Mohamed nog weg is, wordt de taart aangesneden die Saïd meegebracht heeft. Als Hakima en Saïd van het moment genieten, maak ik foto's. Ze zijn alle twee een koning te rijk. Saïd vraagt me de foto's eerst naar hem te sturen, maar Fatna gaat daar niet mee akkoord. Normaal staat haar dochter niet met Saïd op de foto en zij wil die eerst zien. Bien sûr, bien sûr! Onze laatste avond willen we nog eens goed dansen. Hakima heeft haar mooiste kleed aangetrokken en we dansen, dol van vreugde. Saïd (van Hakima) zou graag gaan kijken, maar durft niet omdat de andere Saïd voor het venster staat. Hij blijft onder het venster zitten luisteren. We zijn niet op uitstap geweest maar de dag was reuze!

Zaterdag, 13 augustus 1983

Vertrek

De avond voor ons vertrek hebben we hier nog lekker buiten gezeten tot 2 uur 's nachts.

Mohamed is vroeg gaan slapen want hij moet ons morgen vervoeren en hij wil fit zijn. We zitten hier bij Fatna, Fatima, Hakima, Hassina, Aouda, Annaba en haar man Saïd. Saïd, de zoon van Mohamed, is ook gebleven, maar Salah is al gaan slapen. Hij wil morgen mee naar Alger. Iedereen wil hier mee en er zijn hier dagelijks twisten als er een uitstap in 't zicht is: ze zijn met velen en er is maar plaats voor één. Het zal Saïd zijn. Ik weet het, want hij heeft zijn kleren voor morgen al klaargelegd. Hopelijk roept er hem iemand op want hij en Salah slapen boven op het dak, in de kou. Gewoonlijk staat hij om 6 uur op, want dan is Fatna hem al aan 't roepen om brood te halen in de stad.

Zaterdag, 13 augustus 1983

Deze morgen sta ik om 6 uur op, want we moeten vroeg vertrekken. We verwachten ook Ali die van daar naar zijn werk gaat in het hospitaal. Gewoonlijk slapen we nog als hij rond 7 uur komt, maar voor deze laatste maal ben ik al gelaarsd en gespoord. Ondertussen zijn ook Saâd en de kinderen op. We kijken nog even alles na en dan gaat de zware lading de porte-bagage op. Bij het ontbijt zie ik Salah al op de mat zitten. Hij is eropuit om mee te gaan naar Alger. Hij is stiekem uit bed (lees: de haïk) gekropen en heeft ervoor gezorgd dat hij Saïd niet wakker gemaakt heeft. Ik zie hier ook al Hassina klaarstaan. Straks wordt het weer een gekibbel van jewelste. Ik denk dat Saïd al de stad in is om brood te halen. Hoe kan ik nou zo stom zijn. Vandaag zijn we weg en wordt er geen brood meer gekocht. Alleen de zelfgebakken galette (Aghroum = Arabish, en Tkessra = Kabylisch) wordt nu nog gegeten. Maar dan ligt Saïd nog boven op het dak te slapen! Ik, die anders schrik heb om op hoge ladders te kruipen, bestijg de gevaarlijke ladder (in het midden is ze gebroken) met mijn lange Kabylisch kleed. Mohamed ziet het en zegt: "Attention ma soeur, elle est cassée." Ik weet het, maar Saïd moet gewekt worden en als ik het niet doe, laten ze hem voor die ene keer liggen, want ze staan met z'n vieren klaar om zijn plaats in te nemen. Mohamed wijst me waar hij ligt te slapen, want de planken waar zijn 'bed' opgemaakt is, liggen aan de achterkant van het dak. Ik durf niet op het dak lopen, want dan durf ik die ladder niet meer afdalen. Ze buigt door want één staaf is gebroken en de sporten staan zeker 60 cm van elkaar. Mohamed heeft de ladder ineen getimmerd en alleen acrobaten kunnen erop. Zie me daar staan met mijn lange rokken en mijn Kabylisch khardoun (vlecht) in mijn haar. Ginder zie ik Saïd liggen. Het is er koud en hij ligt volledig onder de haïk. Iedereen staat daar onder de ladder te kijken en te wachten of Saïd me hoort. Ik sta hier zo hard te roepen als de muezzin in de moskee, die de gebedsuren aankondigt. Saïd hoort me niet. Nog een paar keer geprobeerd met mijn handen als een megafoon aan mijn mond. Nu beweegt de haïk en opeens zie ik zijn hoofd. Hij kijkt direct in de goede richting en lacht als hij me daar boven op die ladder ziet staan. Hij komt onmiddellijk. Ondertussen ben ik al naar beneden, en zie het bedrukt gezicht van de andere kandidaten die willen meegaan. Ze zijn allemaal jaloers op Saïd. Ondertussen ben ik al de kamer in zodat hij in een ander vertrek zijn toilet kan maken en zijn kleren aantrekken, die hij al van gisterenavond weggestopt had, want de kleerkast staat in onze kamer en anders kan hij er niet meer binnen. Hij is blij dat ik hem persoonlijk komen oproepen ben. Hij zegt: "Voor een keer dat ik blij zou geweest zijn als Fatna me opriep, is ze niet gekomen." De arme jongen is nog moe want hij is tot 3 uur bij ons blijven zitten van de laatste avond. We hebben hier allemaal maar vier uur geslapen, maar wie kan er nu de laatste avond om 10 uur in zijn bed kruipen? Zelfs Saïd die hier een ganse maand om 6 uur uit de veren moet, kon dat niet. Ik ben blij dat ik woord gehouden heb, want ik heb hem altijd gezegd dat ik hem daar eens 'el fough' (boven) zou komen halen. Voor deze laatste keer vindt hij dat wel fantastisch. Saâd is ook blij dat het Saïd is die meegaat. We hadden afgesproken dat hij zou meerijden en niemand in zijn plaats. We zitten al altijd met zeven in de auto en nu met de bagage erbij moest het gewicht beperkt worden. Voor Saïd is er altijd een plaats, hij is de oudste en de liefste. Mijn kinderen zijn dol op hem, en hij speelt veel met hen. Ze kunnen maar eten als hij bij hen zit aan de medea (de lage ronde tafel). Gans de maand heeft hij daar met onze kinderen gegeten behalve de laatste avond; toen heeft Ibrahim hem naast mij aan 't tafel zien zitten. Hij zei:"Ca y est. Je dois y aller." Ik heb hem gezegd dat ze hem voor de laatste keer wel gerust gingen laten. Dat bleek het geval te zijn en zo aten de kinderen voor de laatste maal alleen aan de ronde tafel. We wachten nog een beetje op de komst van Ali. Ondertussen is het half negen en is het tijd om te vertrekken. We rijden langs het hospitaal, want Mohamed is niet gerust omdat hij niet gekomen is. Daar vernemen we dat hij al heel vroeg op 'mission' moest naar Aïn Bessem. Dat zal hij wel spijtig vinden dat hij ons niet zien vertrekken heeft, want zoals Saïd ziet hij ons allemaal heel graag.

Nu is het moment van afscheid gekomen. Het wordt een treurig spektakel. Alle achterblijvende vrouwen en kinderen zijn hier aan 't wenen. Zelfs Hakima, die anders nooit weent (naar zij zegt) verbergt haar gezicht. Ik tracht de situatie te reden en zeg nog: "Il faut rire", maar het helpt niet, want ik heb het zelf al snikkend gezegd. Mohamed, Saâd en Saïd zijn al in de auto. Mannen wenen immers niet! Maar in de auto vertrouwt Saïd me toe dat hij de auto ingevlucht is, omdat hij zelf voelde dat hij ging huilen.

De weg is lang met vele kronkelpaden, rotsen en tunnels. Ik ben toch ergens gerust met Saïd in de wagen. Hij kent iets van autotechniek en kan helpen. De reizen die hij met ons meegemaakt heeft, zijn allemaal goed verlopen, zonder lekke banden of stilvallen. Eens noemde ik hem 'mon ange gardien' in het bijzijn van de andere Saïd, Hakima en de kinderen. Hij kroop bijna onder tafel van schaamte, maar ik weet dat hij onze geluksster is. Indien hij met ons naar Bou Saada geweest was, zouden we al die miserie niet gekend hebben!

Onderweg stoppen we eens om een casse-croûte te kopen. We zijn nog op ongeveer 5 km van de luchthaven en alles is al perfect verlopen. Als Saâd en Mohamed terugkomen, hebben ze geen brood gevonden, geen drinken, alleen maar droge koeken, melk en een meloen. Gelukkig heb ik mijn pennemes bij me, zo niet konden we de meloen niet verdelen. We eten buiten in de auto. We zijn er nog maar pas uit of daar komt een auto waaruit een luid gejoel opstijgt. Het is Saïd (van Hakima) die ons al roepend toezwaait. Hij moet naar de luchthaven zijn nonkel gaan afhalen. Oef! Daar zal ik (als gewoonlijk) tussen die twee Saïds zitten. Arezki en Ibarahim maken elkaar vuil met het sap van de meloen. Er ontstaat ruzie en ze zijn al aan 't wenen. Ze zijn allemaal nerveus omdat ze weten dat ze naar huis gaan. Het is aanstekelijk, want opeens gooi ik ook mijn schillen van de dla (meloen) zo hoog als ze vliegen willen en roep: "On devient tous megroun" (nerveus). Saïd lacht zich een bult als hij het spektakel ziet.

Als we aan de luchthaven aankomen, staat de andere Saïd ons al op te wachten. Ik wil mijn laatste foto's aftrekken. Saïd (van

Hakima) zal onze foto maken. Daarvoor moet hij midden op straat gaan staan. Klik! Die is gelukt. Ik probeer het apparaat en zeg dat er nog een foto opstaat. Nu zal ik de foto maken en dan Saïd (van Hakima) er ook bij! Ik sta midden op de straat tussen die toeterende taxi's en zie niets dan lachende gezichten door het ruitje van mijn fotoapparaat. Ik wil 'klik' doen, maar het gaat niet meer. Oei, dat wist ik niet. Iedereen kronkelt van 't lachen. Deze laatste foto was anders wel de mooiste geweest!

Terwijl we in de hal wachten, komt Saïd van Hakima me met de kinderen halen om eens naar boven te gaan in de winkels. Ik durf bijna niet, want die vent heeft al mijn telefoon naar mijn moeder betaald, twee hoeden voor de kinderen en een derbouka. Nu wil hij een Arabisch kleed kopen voor Djamila. Het is duur en ik protesteer. Er is geen houden aan, want daar staat hij al die kleren aan de kleine te passen. Hij koopt een mooi blauw, lang kleed met broderie. Ik ben beschaamd als ik hem vraag voor ons die twee vrouwen uit het toilet te betalen want ik heb geen geldstuk meer alleen een briefje van 50 D.A. en daar wil ik de andere Saïd mee plezier doen. Hij heeft ons wel geen grote zaken gekocht, maar zijn toewijding en alles wat hij gedaan heeft om ons dagelijks brood te halen, zijn me meer waard dan het mooiste kleed dat hij voor Djamila zou kopen! Hij heeft me de cassette gegeven, die hij pas nieuw gekocht had en waar hij veel van houdt. Hakima en ik hebben op die Kabylische liederen veel gedanst en hij weet dat ik van die muziek hou. Daarom doet hij mij de cassette cadeau. Als Saïd van Hakima afscheid genomen heeft en met zijn nonkel weg is, gaan we nog eens met de kinderen rondwandelen. Mijn laatste geld (50 D.A.) zal ik hier besteden aan een geschenk voor Saïd. Er is niet veel meer dan juwelen lederwaren en vijgen. Hij kiest een andere cassette met liederen die heel mooi in de oren klinken. Hij is heel blij en zegt dat hij me zeker een juweeltje zal opsturen. Nu is het uur van vertrek aangebroken. Klinkende zoenen worden uitgewisseld. Ik bedank Mohamed nog eens voor de gastvrijheid en zeg hem ook tijdens de terugreis stilletjes te rijden: "Comme si j'étais toujours dans la voiture."

We passeren de politiecontrole. Ik voel de blikken van Saïd nog in mijn rug. Ik keer me plots om en daar staan we nog voor een laatste maal oog in oog. Wat heeft die jongen toch een fluwelen blik en een zachte glimlach! Hij vindt dat ook van mij. Ik wist van bij onze aankomst dat hij mijn grote vriend ging worden. Ik had hem trouwens als eerste herkend! Het was alsof hij tijdens die drie jaar nooit weggeweest was! Het ga je goed, Saïd, blijf die bronzen god die je nu bent en vooral behoud je gouden hart, waar jong en oud een plaats vindt. Ik vond het heerlijk met jou in de zee te baden in Bejaïa. Ik vond het snikheet in Tizi-Ouzou, maar jouw glimlach maakte die hitte draagbaar en vooral vond ik het reuze dat je op tijd wakker geworden bent om ons uitgeleide te doen. Saïd, je bent je naam waardig! (Saïd = le bienheureux).

In het vliegtuig bloed ik uit mijn neus. Het is waarschijnlijk de hoogte of ik ben zwak want ik voel dat ik een paar kilo's kwijt ben. Hier word ik opeens melancholisch. Mijn ogen schieten vol tranen. Nogal gelukkig dat Saâd en de kinderen voor mij zitten. Zij eten goed, maar ik krijg niet veel binnen. Ik ben blij dat we naar huis gaan. Daarom smeet ik ook die meloenschillen zo hoog de lucht in. Aan de andere kant heb ik spijt dat ik al die lieve mensen moet verlaten. We hebben hier in armzalige omstandigheden geleefd, maar de gastvrijheid en de levensvreugde van die mensen maakt ons dit alles draaglijk.

Aangekomen in Brussel wacht mevrouw Smekens al op ons. Wat een weelde! Bij het buitengaan hebben we allemaal kou, maar vandaag is het een koele dag. Er is wel 30° verschil tegenover een paar uur terug. We bibberen van de kou.

Oef! Hier zijn we weer in ons landelijk Hamme-Zogge. Het Algerijns avontuur is voorbij. We zijn allemaal triestig. Ook de kinderen hebben veel vrienden moeten achterlaten en ze vinden het hier nu veel te stil! Mijn moeder is blij ons allemaal gezond terug te zien, maar ze vindt ons allemaal fel vermagerd, vooral mij en Ibrahim. We eten dan maar boterhammen, want die hebben we ook lang gemist.

De volgende ochtend mag iedereen uitslapen. Ik alleen kruip zachtjes uit bed. Ik heb in Algerije veel gebeden, want ik heb angstige situaties beleefd. De bedelaars die ik altijd iets gegeven heb (ongeacht hoeveel het er waren) hebben hier ook altijd voor mij een gebed gezegd. Ik aanzie ze als mijn geluksbrengers en zal er nooit één voorbijgaan zonder hem een dinar te geven. Nu is het mijn beurt om God te danken voor al het goede dat ik op deze reis heb mogen ontmoeten.

Ilah Alika MAAK SALAMA El Djezaïr, tot ziens Algerije!

SNAPS 065

Fr. Vercammen   03/12/2020

Fr.Vercammen   07/04/2021

HERZ FÜR AUTOREN A HEART FOR AUTHORS À L'ÉCOUTE DES AUTEURS MIA KAPΔIA ΓIA ΣYΓΓPAΦ
HJÄRTA FÖR FÖRFATTARE UN CORAZÓN POR LOS AUTORES YAZARLARIMIZA GÖNÜL VERELIM SZÍV
CUORE PER AUTORI ET HJERTE FOR FORFATTERE EEN HART VOOR SCHRIJVERS TEMOS OS AUTORI
SERZÖINKÉRT SERCE DLA AUTORÓW EIN HERZ FÜR AUTOREN A HEART FOR AUTHORS À L'ÉCOUTI
GRAÇÃO ВСЕЙ ДУШОЙ К АВТОРАМ ETT HJÄRTA FÖR FÖRFATTARE À LA ESCUCHA DE LOS AUTORI
AUTEURS MIA KAPΔIÁ ΓIA ΣYΓΓPAΦEIΣ UN CUORE PER AUTORI ET HJERTE FOR FORFATTERE EEN HA
YAZARLARIMIZA GÖNÜL VERELIM SERZÖINKÉRT SERCE DLA AUTORÓW EIN HERZ FÜR
FOR SCHRIJVERS TEMOS OS AUTORI CORAÇÃO ВСЕЙ ДУШОЙ К АВТОРАМ ETT HJÄRTA FÖR

De auteur

Francine Vercammen werd in
1945 geboren in Hamme-Zogge
in België. In het gezin waarin zij
opgroeide, kreeg ze schrijf- en
schilderkunst met de paplepel
ingegoten. Ze koos voor een carrière
in het onderwijs en gaf Frans,
Spaans, Engels en geschiedenis
in het secundair onderwijs. Daarnaast bleef ze
altijd studeren en deed ze buitenlandse stages,
onder meer in Frankrijk en aan de universiteit
van Salamanca. Maar ook vrijwilligerswerk in
de vorm van bijscholing aan mensen met een
migratieachtergrond had haar aandacht.
Is Francine voor de klas in haar element, dat
geldt ook voor het podium, als toneelspeelster
en danseres. Verder zijn muziek, lezen, schrijven,
schilderen en tekenen haar favoriete bezigheden.
Francine publiceerde eerder in een lokale krant
en hield interviews met bekende mensen uit de
cultuurwereld. Journal intime d'Algerie is haar
eerste boek. Francine woont in Hamme-Zogge, is
gehuwd en heeft drie kinderen.